GUIDA
ALL'AUTOSTIMA

Ricomincia ad Amarti e
Diventa la Versione Migliore
di Te Stesso

Olivia Beck

Possiamo ottenere l'approvazione degli altri, se agiamo bene e ci mettiamo d'impegno nello scopo, ma la nostra stessa approvazione vale mille volte di più.

(Mark Twain)

Sommario

Nota dell'Autore 7

L'Autostima è Una Realtà Inevitabile 11

I Componenti dell'Autostima 15

Il Bisogno di Autostima 18

Il Senso di Efficacia 21

Il Rispetto di Sé 23

L'Aspetto dell'Autostima 26

Un Altro Aspetto Poco Conosciuto 33

La Questione del Sé 37

Autostima Alta e Bassa 48

I Volti dell'Autostima 57

Una Questione Filosofica e Culturale 62

Autostima e Bullismo 75

Autostima e Amore 81

Autostima e Social Network 95

Autostima nella Terapia e Distorsioni Cognitive 100

Autostima e Ambiente Lavorativo 108

Autostima e Immagine Corporea 116

Tecniche per Aumentare la Propria Autostima 124

Conclusioni 134

Nota dell'Autore

Quando penso all'autostima, mi vengono in mente le parole di Buddha: "Noi siamo ciò che pensiamo. Tutto quello che siamo, sorge dai nostri pensieri. I nostri pensieri costruiscono il mondo". Credo che queste parole siano di una semplicità straordinaria e al tempo stesso racchiudano una grande verità: gli uomini hanno il potere della creazione dentro sé stessi, e perciò con i nostri pensieri riusciamo a condizionare la nostra realtà, sia positivamente, sia negativamente.

L'essenza dell'autostima è racchiusa nella volontà di perseguire il proprio "bene" e, affinché ciò accada, bisogna credere in sé stessi. Sembra semplice a dirsi, ma nella quotidianità le opinioni e i giudizi delle persone che incontriamo riescono a far traballare il nostro Sé interiore.

Ho scritto questo libro non solo per approfondire il concetto di autostima, ma anche per analizzare tutti quei fattori che ne disturbano l'equilibrio: desidero che questa lettura sia per te come un viaggio che ti arricchisca, che ti dia informazioni utili e soluzioni per mantenere e potenziare la tua autostima.

Definire il Sé non è mai facile: a me piace descriverlo come l'insieme delle molteplici sfaccettature che riconducono ad unità il singolo individuo, poiché il Sé racchiude la semplicità e la complessità insieme, e il valore che gli attribuiamo dipende sempre dal nostro punto di osservazione.

L'autostima è il motore della nostra volontà e delle nostre aspirazioni, rappresenta la misura tramite cui ci valutiamo e giudichiamo quello che gli altri ci comunicano. Durante questo percorso voglio rispondere alle tante domande che mi sono posta sulle conseguenze di una cattiva autostima, avendo come obiettivo la promozione del benessere personale, cercando di addentrarmi nel campo minato dell'Io.

Le parole hanno un grande potere e il più delle volte colpiscono più in profondità di un proiettile, si depositano dentro di noi e lì iniziano ad agire. L'autostima ci permette di vivere in equilibrio e di farci capire cosa è importante per noi, funziona cioè come un filtro che ci aiuta a vivere bene in un mondo complicato.

Non sempre chi ci parla ha buone intenzioni verso di noi, non sempre chi è amico o si professa tale vuole il nostro bene. Indipendentemente da questo, credo che il primo atto d'amore debba venire da noi stessi: se non impariamo ad amarci, saremo sempre in balia dei giudizi altrui.

È più facile giudicare gli altri che iniziare un lavoro di introspezione personale, e questo è l'atteggiamento della maggior parte delle persone. Dato che una fortezza non crolla mai con un solo colpo, dobbiamo lavorare per fortificare il nostro Sé, guardandoci per la prima volta nel nostro specchio interiore, abbracciando la nostra essenza e iniziando così questo percorso d'amore verso noi stessi.

Colui che riscopre l'amore per sé stesso non è egoista, ma è una persona in equilibrio, che ha imparato ad accettarsi ed amarsi per ciò che è, e che, di conseguenza, è in grado di amare e di comprendere l'altro. Questo libro è uno strumento per riuscire a capirsi un po' di più, e per affrontare tutto ciò che ci circonda alla luce di una nuova consapevolezza: credo che questa sia la condizione essenziale per riuscire a vivere meglio e a navigare in quel vasto mare che chiamiamo "vita".

Olivia

L'Autostima è Una Realtà Inevitabile

L'autostima è un elemento fondamentale nella nostra esistenza e non si può evitare. Non esiste persona al mondo che almeno una volta nella vita non abbia formulato o ricevuto una valutazione personale. L'autostima non riguarda unicamente il valore che ci attribuiamo, ma dipende dal nostro senso di adeguatezza nei confronti della vita. Cercando di semplificare, è possibile dire che l'autostima è *la fiducia nelle proprie capacità,* è una valutazione di apprezzamento del proprio valore personale, e per questo è alla base del raggiungimento della felicità intesa come sensazione di realizzazione e di autoconsapevolezza del proprio essere e del proprio successo.

Olivia Beck

"Quello che gli altri pensano di te è problema loro."

(Charlie Chaplin)

Per realizzare la propria felicità bisogna dunque avere fiducia in sé stessi e soprattutto nella propria mente: solo con questa sicurezza potremo sentirci pronti e "ispirati" all'azione, adeguati alla vita.

Così come una buona autostima è collegata alla fiducia che mettiamo durante il nostro agire quotidiano, allo stesso modo vale il procedimento inverso, poiché le nostre azioni verranno giudicate, e questo influenzerà nuovamente l'autostima.

Una persona che ha fiducia nella propria mente e allena la consapevolezza sulle proprie azioni, costruirà un'alta autostima e riuscirà ad affrontare gli ostacoli con una certa tranquillità, non si scoraggerà di fronte alle difficoltà poiché sarà sicura delle proprie capacità. Questa sensazione di solidità personale influisce anche sulla sfera nei rapporti col mondo esterno: se ho rispetto e fiducia nella mia persona, gli altri di riflesso mi rispetteranno. Una buona dose di autostima permette di vivere la vita in modo attivo e non passivo. Infatti, chi nutre una bassa stima verso sé stesso è una persona che rinuncia, che fa dipendere le proprie decisioni dalla volontà altrui e che, in poche parole, subisce la vita invece di viverla.

Esistono livelli variabili di autostima in ognuno di noi: l'autostima non è un tratto a sé stante, ma ha un'infinità di correlazioni con molti aspetti della nostra vita. Chi possiede un'alta autostima è una persona dotata di sufficiente realismo, buona indipendenza, capacità di affrontare i cambiamenti, di esprimere quello che pensa e di dichiarare i propri errori: una buona autostima non rende invincibili, ma di sicuro rende la vita migliore. L'autostima influisce anche sui rapporti personali, poiché chi possiede un'alta autostima difficilmente sarà vittima di relazioni di natura tossica, ma cercherà una relazione sana corrispondente al proprio valore. È difficile che due persone con opposti livelli di autostima abbiano una relazione o un progetto di vita comune: non è proprio questo il caso in cui "gli opposti si attraggono", poiché i soggetti coinvolti vivrebbero perennemente in lotta con il partner per perseguire la propria felicità.

Se condividiamo la vita con una persona che si trova sulla nostra stessa lunghezza d'onda ci sentiamo più a nostro agio e non in perenne conflitto: il nostro senso di autostima si stabilizza e questo influisce su molti aspetti del nostro benessere.

Prima ho accennato al fatto che il valore della nostra autostima è variabile, in quanto cambia, ad esempio, in relazione agli eventi della vita: a questo proposito tengo a precisare che non è possibile avere un eccesso di autostima, modalità spesso confusa con l'arroganza. L'autostima non conduce mai alla prevaricazione degli altri. Chi utilizza la propria posizione, la propria influenza o le proprie doti per prevaricare, in realtà dimostra di avere una bassa autostima e questo è chiaro se osserviamo i comportamenti che mette in atto.

L'autostima di per sé non ci garantisce un piatto in tavola alla mensa della vita, ma aumenta notevolmente le possibilità di trovare una via o una soluzione alle difficoltà. L'immobilità non ha mai creato nessun cambiamento e lo stesso vale per i nostri pensieri: se abbiamo un problema e passiamo il nostro tempo a crogiolarci nella disperazione senza agire non riusciremo mai a risolve nulla nella nostra vita, ma semplicemente renderemo le situazioni più grandi di quello che sono nella realtà.

I Componenti dell'Autostima

Entriamo più nello specifico e fermiamoci ad analizzare due aspetti fondamentali dell'autostima: *il senso di efficacia* e *il rispetto di sé.*

Il senso di efficacia riguarda la fiducia che si ha nei confronti della propria mente, ci aiuta ad agire nel miglior modo possibile per il nostro maggiore benessere. Possedere un buon senso di efficacia consente di promuovere il proprio benessere psicologico perché ci si sente parte attiva della propria esistenza.

Il rispetto di sé riguarda invece la capacità di perseguire la propria felicità senza che vi sia alcun disagio emotivo che la ostacoli. Vivendo in quest'ottica si accresce il senso di fratellanza e il rispetto verso gli altri. Queste due componenti rappresentano il nucleo dell'autostima. Una persona con una buona autostima è consapevole di avere le competenze necessarie per affrontare la vita e le sue sfide, e così facendo riesce a perseguire un bene maggiore. ovvero la propria felicità.

Soffermarsi a chiarire questi concetti è di estrema importanza dare il giusto valore al concetto di "autostima", evitando di rendere eccessivamente vaga la definizione: se vogliamo accrescere la nostra autostima dobbiamo avere un'idea precisa di quello a cui ci stiamo riferendo, altrimenti rischiamo di rendere incerti anche i nostri risultati.

Sarebbe come darti una cartina geografica per arrivare in un luogo bellissimo, senza le corrette indicazioni per raggiungerlo: proseguirai alla cieca, in modo casuale. Non è assolutamente così che riuscirai ad aumentare la tua autostima. Dare una definizione ad un concetto non significa limitarne la portata, ma ha lo scopo di renderlo più comprensibile e raggiungibile.

L'obiettivo più alto per ognuno di noi è quello di sentirci adeguati alla nostra vita: la felicità non è un'utopia come spesso ci hanno raccontato i filosofi, ma è un modo di vivere. Ti invito a riflettere per tutto il percorso di questo libro sulla potenza dei tuoi pensieri e sulla forza che sono stati in grado di sprigionare in molte situazioni della tua vita passata.

Sento spesso dire che "realtà" e "utopia" sono due termini in contrapposizione fra loro. Il termine utopia è stato usato da Tommaso Moro: il filosofo si immaginava un'isola in cui tutto era possibile, dove regnava la pace e la fratellanza tra gli uomini. Si immaginava una società totalmente opposta all'Inghilterra dilaniata dall'intolleranza e dal conflitto religioso. Ancora oggi associamo il termine "utopia" a ciò che riteniamo sia irraggiungibile, ma è un modo di pensare erroneo, poiché porsi dei limiti a priori non rappresenta mai un atteggiamento funzionale all'ottenimento del nostro benessere: una cosa sarà sicuramente impossibile se la riteniamo tale.

La felicità è un concetto difficile da definire. Se chiediamo ai nostri amici cos'è per loro la felicità, le risposte saranno molto spesso vaghi desideri autolimitanti, del tipo: "la felicità per me sarebbe avere più soldi, ma non mi è possibile", "la felicità è trovare l'amore ma sono sempre solo" ecc. Si potrebbe andare avanti con centinaia di esempi, in cui all'espressione di un desiderio segua sempre il limite che noi stessi ci poniamo, ed è questo il vero ostacolo alla sua realizzazione. La felicità equivale a stare bene con sé stessi, a promuovere un'armonia interiore che si riflette nelle nostre azioni. Se una persona vuole guadagnare più denaro può iniziare a darsi da fare cercando di aumentare le proprie competenze professionali, se un'altra vuole trovare l'amore non lo troverà rimanendo chiusa tra le quattro mura domestiche o facendo sempre le stesse cose. Ricordiamoci che è salutare sia per il nostro cervello che per la nostra vita in generale cambiare strada ogni tanto. Se vogliamo stare bene con noi stessi, scordiamoci il termine "utopia" perché non si addice a questo percorso e nemmeno alla costruzione della propria autostima.

Il Bisogno di Autostima

L'autostima è un bisogno fondamentale dell'uomo, poiché nutre il nostro essere e fa da motore alle nostre azioni. Ciascuno di noi si pone continuamente delle domande su sé stesso e sulle persone che ci circondano, e tutte hanno a che fare col modo di essere nostro e altrui: "sono bravo?", "posso fidarmi di quella persona?", "Sono una persona meritevole?" ecc.

Questa è un'esigenza della nostra specie: gli animali non si pongono di certo questi problemi. Se, ad esempio, osserviamo un cane che gioca in giardino, i suoi unici pensieri sono rivolti al preciso momento che sta vivendo e all'interazione con noi, non si chiede cosa pensiamo di lui, o cosa pensa il vicino del suo gioco: questa può sembrare un'osservazione banale, ma ci fa riflettere sulla complessità della mente umana.

La nostra evoluzione è dipesa e dipende ancora dalla nostra capacità di pensare in quanto connessa alla facoltà di astrazione della nostra mente. La coscienza non si dà autonomamente, non è scevra da condizionamenti, né tantomeno lo sono le nostre scelte, perché dipendono sempre da un accurato procedimento razionale.

La mente umana è formata da un'infinità di processi, attraverso i quali interagiamo e comprendiamo tutto quello che ci circonda. Uno dei fattori straordinari della nostra specie è che possiamo scegliere i nostri pensieri: mentre tutto il nostro corpo le funziona e vive attraverso processi fisiologici indipendenti dal nostro volere (il cuore batte, la temperatura viene autoregolata e così via), la nostra mente è l'unica parte del nostro essere senza il pilota automatico.

Così come la mente non produce intelligenza o conoscenza in maniera automatica, al tempo stesso la natura ci ha dato possibilità di accrescere la consapevolezza di noi stessi e delle nostre azioni poiché il pensiero è legato alla responsabilità. Tutte le decisioni che prendiamo nella nostra vita si riflettono sulla nostra autostima.

L'autostima si nutre di legami con: pensiero, chiarezza, consapevolezza, perseveranza, confronto, desiderio, volontà, ricerca e ragione. Questa riflessione ci permetta di capire il vasto raggio d'azione dentro cui opera l'autostima.

L'autostima non può essere un valore fisso, non è un diploma che si consegue e si attacca alla parete una volta per tutte: come abbiamo visto, essa viene costantemente influenzata dalle nostre scelte. La stima di noi stessi non dipende esclusivamente dalla nostra infanzia, perché se fosse così non potrebbe accrescersi né modificarsi, mentre ora sappiamo che muta costantemente.

L'autostima può crescere oppure può diminuire durante tutto l'arco della vita. Quando siamo chiamati ad agire, a prendere una decisione o a dire la nostra opinione, miglioriamo la percezione che abbiamo di noi stessi. L'autostima è un bisogno, perché ci indica se la nostra vita sta funzionando come volevamo oppure no.

Il Senso di Efficacia

L'efficacia è la spinta che ci permette di produrre un risultato desiderato: se ad essa aggiungiamo l'ingrediente della fiducia, significa che stiamo iniziando a credere nelle nostre capacità. Tutto ciò non ha niente a che vedere con la sensazione di infallibilità: nessuno di noi è un super eroe, ed è certamente vero che ci sono aspetti della vita che non sono sotto il nostro controllo perché non dipendono direttamente da noi.

Il senso di efficacia si esprime nella fiducia nelle nostre abilità e capacità, frutto dell'esperienza e della conoscenza del nostro percorso di vita.

Aver vissuto un'infanzia serena in un ambiente sano e propositivo aiuta sicuramente la formazione del proprio senso di efficacia personale, grazie allo sprone dei genitori che hanno supportato le capacità di pensiero e hanno saputo alimentare l'umana conoscenza. Il senso di efficacia, per svilupparsi, ha bisogno della volontà: è un traguardo che dobbiamo desiderare cercando di non farci abbattere dalle difficoltà. Bisogna costantemente puntare a nuovi obiettivi durante la vita, senza accontentarsi di ciò che abbiamo appreso.

Se nella nostra vita abbiamo sviluppato un senso di efficacia basso, avvertiremo disagio nei confronti di tutto ciò che è nuovo, le nostre conoscenze resteranno ferme a ciò che abbiamo precedentemente acquisito. Al contrario, un alto senso di efficacia ci farà sentire pronti a nuove sfide e all'acquisizione di nuove competenze. Il senso di efficacia è ciò che ci permette di avere un lavoro, delle aspirazioni, delle relazioni personali soddisfacenti e di riuscire ad affrontare le difficoltà della vita. È un aspetto davvero importante che non dobbiamo tralasciare, se desideriamo avere una vita soddisfacente ed appagante.

Il Rispetto di Sé

Il rispetto di sé è la percezione del proprio valore personale, da non confondere col senso di superiorità verso gli altri: il rispetto di sé è alla base del nostro senso di autostima ed è fondamentale per raggiungere la propria felicità e la realizzazione personale. Il nostro valore ci viene insegnato già nella prima infanzia, poiché impariamo a rispettarci a seconda del rispetto che abbiamo ricevuto dai nostri i genitori. Se abbiamo tante qualità ma non sappiamo goderne, significa che è mancato qualcosa già durante la nostra crescita. Il rispetto di sé necessita dell'acquisizione dei valori fondamentali, che ci devono venir insegnati sin da bambini: solo così potremo ritenerci meritevoli del nostro operato e saremo in grado di lottare per le nostre scelte, credendo in ciò che facciamo.

Possiamo riassumere il concetto di "rispetto di sé" con tre passaggi:

• Se hai rispetto per te stesso, le tue azioni confermeranno il tuo pensiero;

• Se non hai rispetto per te stesso, gli altri lo percepiranno dai tuoi atteggiamenti remissivi.

• Il livello di rispetto verso sé stessi è in relazione al proprio valore percepito, che a sua volta si riflette nelle azioni e nel nostro modo di vivere. È estremamente importante allenare la positività per avere un senso efficace del rispetto di sé stessi.

Come ricordato, il bisogno di rispetto si sviluppa fin dalla più tenera età, e dipende da ciò che ci è stato insegnato su ciò che è da considerare giusto o sbagliato, su ciò che è rispettabile e ciò che non lo è. Durante la crescita continuiamo a fare lo stesso tipo di valutazioni, poiché la questione morale è insita nello sviluppo di ogni essere umano. Ci chiediamo quali siano i principi validi da seguire nella nostra vita, ci interroghiamo sulla correttezza delle nostre scelte: ci poniamo cioè dei quesiti sull'esistenza umana. I giudizi di valore fanno parte della nostra vita, ad ogni azione compiuta corrisponde una scelta morale e, di conseguenza, un giudizio.

Se non impariamo a nutrire abbastanza ammirazione per noi stessi, risulterà difficile riuscire a raggiungere buoni livelli di autostima: sentimenti come la fiducia e il rispetto devono riflettersi nella nostra quotidianità e fare parte nel nostro bagaglio interiore.

L'Aspetto dell'Autostima

Mi sono chiesta che aspetto potesse avere l'autostima, e allora mi sono immaginata un quadro. Immagino un quadro con diversi soggetti dipinti, pieno di colori, che rifletta la passione e la creatività dell'artista. L'aspetto che meglio lo definisce è proprio l'insieme armonico di tutte le sue caratteristiche, che lo rendono piacevole da ammirare. Per l'autostima succede la stessa cosa: non è un aspetto isolato a rendere una persona interessante ed equilibrata, ma è la persona nel suo insieme, con tutte le sensazioni o le emozioni che ci trasmette e che ci comunicano molto anche del suo livello autostima. L'autostima traspare dal modo di fare, dalle parole usate e da tutti i nostri comportamenti che comunicano la gioia e l'amore verso il proprio essere. Si riconosce nella spontaneità delle proprie espressioni, nell'apertura verso il prossimo e verso il nuovo, si esprime nella coerenza tra quello che si dice e quello che si fa. Anche gli atteggiamenti corporei parlano: se una persona si dimostra aperta e tranquilla, senza evidenti atteggiamenti di chiusura, la sua autostima sarà molto probabilmente alta, poiché il suo modo di essere lascia trasparire fiducia in sé stesso.

Al contrario, se un individuo vive sulla difensiva assumendo modalità aggressive o autoritarie, significa che sta tentando di proteggere un Io fragile che cerca di apparire forte: con questa maschera con la quale vuole sembrare diverso da ciò che è, il soggetto mostra in realtà scarsa fiducia nelle proprie capacità. Esistono regole basilari per riconoscere se una persona ha una buona autostima, analizzarle ci permette di approfondire l'oggetto del nostro discorso e ci avvia ad una migliore comprensione di noi stessi.

Innanzi tutto, domandiamoci se l'autostima ha a che fare con il concetto di "razionalità". La razionalità permette di applicare la nostra conoscenza ai fatti concreti, non trae la sua forza né dal volere altrui e né tantomeno dalla consuetudine, ma ha come compito la comprensione dell'esperienza. L'autostima per sua natura è orientata verso la realtà, e in questo sta la sua cifra razionale, poiché ha a che fare con fatti, con eventi che accadono. Non si può basare la propria autostima su situazioni immaginarie, frutto della nostra fantasia: per questo una delle caratteristiche dell'autostima è la razionalità. Chi possiede una buona autostima non si sottovaluta, ma giudica in una maniera consapevole ed equilibrata le proprie doti.

Un'altra peculiarità dell'autostima è quella di essere legata all'"intuito": chi ha una buona consapevolezza di sé e delle proprie capacità razionali tende ad avere intuizioni, ovvero idee e soluzioni che derivano da esperienze passate proprie o altrui, che sono entrate a far parte del proprio bagaglio di esperienza e talvolta sono la chiave di volta che permette di agire nel modo migliore.

Quante idee geniali sono frutto di un'intuizione! si sono scritti libri memorabili e sono state fatte scoperte eccezionali in moltissimi campi grazie alla forza motrice di un'intuizione. L'intuizione è un'illuminazione che proviene dal nostro subconscio, e necessita di una certa sensibilità per essere gestita in modo funzionale.

Un altro aspetto importante dell'autostima è la "creatività". Se vogliamo usare una metafora, possiamo dire che la persona creativa è in grado si sentire vibrazioni che altri confondono con semplici rumori: la creatività opera dentro di noi esattamente in questo modo. La persona creativa tende a trascrivere le proprie idee, a dar loro corpo, a valutarle ed osservarle in modo da valorizzarle, supportando così la propria autostima. Viceversa, le persone che nutrono poca autostima non danno il giusto valore e importanza alle proprie idee e alla propria immaginazione, non hanno fiducia nei propri talenti e di conseguenza non fanno affidamento sul supporto di nessuno. Se siamo noi i primi a non credere nel nostro potenziale, perché dovrebbero crederci gli altri? Se non si ha fiducia nella propria mente, nel proprio Io, si vive nel dubbio e nell'insoddisfazione e i propri pensieri negativi possono diventare macigni troppo pesanti da sopportare.

L'autostima è collegata anche all'elasticità: quando si ha fiducia in sé stessi si possiede una mente elastica, non si teme il nuovo, perché ogni novità offre nuove possibilità e nuove opportunità per la propria vita. Invece, chi assume un atteggiamento rigido difficilmente cambia idea in quanto tende a rimanere nella propria posizione, e questo porta verso l'immobilità di azioni e pensieri.

La persona con una buona autostima non teme alcun tipo di cambiamento, anzi ha voglia di affrontare nuove sfide. La capacità di affrontare "le sfide della vita" è fortemente radicata nel senso di realtà e trae la forza dal proprio Ego. Anche la capacità di "ammettere e correggere i propri sbagli" è riconducibile ad una forte autostima, poiché la verità dei fatti è più importante dell'aver ragione. Una persona che nutre fiducia in sé e riconosce l'importanza della realtà delle cose non ha problemi ad ammettere i propri sbagli, e di conseguenza a correggersi. Se si arriva al punto di negare un errore, ci si veste solo della propria insicurezza e si vive lo sbaglio come una condanna, e non come un evento che può accadere.

Per concludere, l'ultimo tratto riguarda "la benevolenza e la collaborazione": se cresciamo in un ambiente dove la norma è rappresentata dalla collaborazione e da un clima benevolo, il livello di stima si manterrà buono. I bambini che subiscono violenza fisica o psicologica nutrono sentimenti negativi non solo nei propri confronti ma anche verso gli altri. Diversamente, sperimentare la benevolenza aumenta la fiducia in sé stessi, poiché insegna a non temere il mondo esterno, dato che non è necessario proteggersi da nessuno. Come ha fatto notare intelligentemente il filosofo statunitense Eric Hoffer, chi non ama sé stesso non ama nemmeno gli altri, poiché le persone che sono abituate a fare del male non solo non dimostrano empatia, ma non provano neanche alcuna stima di sé, reagiscono a seconda degli impulsi e mai secondo ragione.

Un individuo che possiede una buona autostima possiede tutte, o almeno la maggior parte di queste caratteristiche.

Quando l'autostima è bassa, viviamo condizionati da un sentimento di paura, ci sentiamo inadeguati perché non abbiamo fiducia nelle nostre capacità. La nostra mente agisce in base al nostro volere, siamo noi a determinare pensieri e reazioni e non dovremmo mai adoperare degli atteggiamenti limitanti e condizionanti. Se si pensa che è "inutile cercare di capire una determinata situazione", non ci sforzeremo di comprenderla perché siamo abituati a considerare inefficaci i nostri pensieri e le nostre azioni.

L'autostima stimola la nostra emotività, e di conseguenza i sentimenti che proviamo tendono o a incoraggiarci oppure a scoraggiarci. È per questo motivo che si avverte un iniziale disagio quando si lavora sulla propria autostima, perché si procede nella consapevolezza della resistenza emotiva che ci accompagna. Non dobbiamo rimanere prigionieri dell'immagine che abbiamo di noi stessi, e tantomeno è sbagliato credere che la propria persona sia definita una volta per tutte in un solo modo: dobbiamo cercare di aumentare della nostra consapevolezza nonostante la resistenza emotiva.

Un individuo sano si focalizza sulla fiducia e sull' l'amore verso sé stesso e verso la vita, non si lascia sconfiggere dalla paura o dal giudizio altrui ma li affronta, sa che l'esistenza comporta una crescita e una sfida continua e agisce di conseguenza.

Un Altro Aspetto Poco Conosciuto

Ci sono delle persone che pur avendo successo sono insoddisfatte della loro vita, indossano una maschera che li conduce a sviluppare una falsa autostima. Questa illusione coinvolge il proprio senso di efficacia. L'autostima è un'esperienza intima, non richiede per essere valida del confronto con gli altri, perché riguarda quello che io penso di me stesso e non quello che mi viene detto. Le persone potrebbero ammirarmi ma, una volta tornato a casa, il castello potrebbe crollare e potrei sentirmi terribilmente fragile.

L'autostima viene da sé stessi e non da fuori, questo è l'errore più grande che si possa commettere. Se impostiamo la nostra vita sul "se", "se fossi", "se potessi", finiamo per rimanere immobili. E nemmeno vivere sommersi di lodi ingiustificate è positivo poiché non consente di crescere correttamente come persone: dobbiamo imparare ad accettare le critiche quando sono costruttive e ci spingono a migliorarci. Per questo motivo è importante avere un buon livello di consapevolezza, che ci permetta di ascoltare la nostra voce interiore e piuttosto che il rumore esterno.

È molto importante coltivare l'indipendenza del proprio spirito: se abbiamo un sostegno e una fiducia interna solida, non ci appoggeremo al continuo feedback degli altri. Non è un caso se artisti o innovatori sono persone un po' solitarie che sviluppano una tendenza ad ascoltare la propria voce e non sempre quella esterna. In loro, così come in chiunque si sviluppa questo spirito indipendente, c'è una visione personale da perseguire con coraggio e determinazione. Non tutti nascono con una tale attitudine ma tutti possono apprenderla, poiché l'autonomia di pensiero è alla base di un corretto sviluppo personale che permette di raggiungere gli obiettivi della propria vita.

Durante questo percorso devi comprendere che il punto di partenza non sono gli altri ma sei TU. Un bambino quando nasce dipende dai genitori totalmente, crescendo cerca di sviluppare la propria indipendenza. In questo lungo cammino, può venire incoraggiato a sviluppare una maggiore fiducia in sé stesso oppure no, e questo lo porterà a sviluppare un pensiero più autonomo da adulto o, al contrario, ad essere dipendente da quello che pensano gli altri.

Sono le nostre azioni, e dunque il nostro pensiero a determinare il nostro livello di autostima. Le scelte vengono compiute quotidianamente, e in questo modo l'autostima diventa una pratica costante che permea il nostro un modo di essere. L'autostima è legata alla volontà: siamo certamente consapevoli di non essere onnipotenti e di avere ognuno i propri limiti personali, determinati dal nostro DNA e dall'ambiente in cui siamo cresciuti o in cui tutt'ora viviamo.

Le persone che hanno subito dei forti traumi durante la loro infanzia hanno bisogno della terapia per riuscire a far ordine nel loro passato e ricostruire il senso di autostima. Da bambini vediamo i nostri genitori come modelli e il loro atteggiamento ci influenza totalmente, e questo può avere dei risvolti positivi o negativi nella nostra vita.

Crescendo troveremo altri ambienti che possono influire sulla percezione di noi stessi e agire in modo funzionale o disfunzionale, come ad esempio l'ambiente scolastico e quello lavorativo.

Lo sviluppo dell'autostima dipende da noi. Non possiamo scegliere la famiglia in cui siamo cresciuti, ma è possibile riparare i danni di un'educazione sbagliata attraverso una terapia psicologica, oppure possiamo chiederci: "cosa posso fare per aumentare la mia autostima oggi?".

Questa domanda ci fa riflettere sulle azioni e sulle scelte che possiamo fare ogni giorno, con lo scopo di diventare esattamente ciò che desideriamo essere.

La Questione del Sé

Il Sé è uno strumento di misurazione con cui cerchiamo di dare una personale valutazione del mondo. A tal proposito non ci sono parole più adatte di quelle di Protagora, filosofo sofista vissuto in Grecia nel 500 a.C., che ha riassunto bene nella sua dottrina questo concetto: "L'uomo è misura di tutte le cose, di quelle che sono per ciò che sono, e di quelle che non sono per ciò che non sono."

"Chi conosce gli altri è sapiente, chi conosce sé stesso è illuminato"
(Lao Tzu)

La questione del Sé è uno dei problemi fondanti della ricerca dei primi pensatori, che avevano già capito che ogni individuo ha una propria percezione da cui dipende una interpretazione personale del mondo. Il Sé è determinato dalle nostre rappresentazioni della realtà: questo capita anche quando valutiamo noi stessi, e infatti possiamo pensare "sono alta", "mi piacciono gli animali", "somiglio alla mamma", "non sopporto i ritardatari" e così via.

Il Sé è in un certo senso egocentrico come lo sono la memoria e la nostra attenzione. Ogni informazione viene filtrata secondo un nostro criterio personale (ognuno ha il suo) in cui tutto ruota attorno al perno del Sé. Se qualcosa non colpisce il nostro interesse viene classificato come "non importante", mentre invece siamo molto sensibili verso tutto quello che cattura la nostra attenzione. Infatti, il nostro metro di giudizio e la nostra capacità valutativa tendono ad avere un peso superiore per noi stessi, rispetto ai feedback di un estraneo. Il Sé ci aiuta anche nella catalogazione dei ricordi: il ricordo di un episodio è più rapido se è legato ad una interpretazione del nostro Sé. Questo processo non ci aiuta solo a ricordare, ma entra in gioco anche quando abbiamo a che fare con la distorsione di fatti e comportamenti: la distorsione è una misura sfalsata delle percezioni sulla realtà che viviamo o che stiamo osservando.

Può capitare in incappare in percezioni distorte quando diciamo:

• Quel lavoro è stato fatto grazie al mio contributo

• In casa faccio tutto io, mi devo occupare di molte cose lui invece va solo al lavoro

• Se non fosse stato per me lei non ce l'avrebbe mai fatta

E in molti altri casi.

Quelle che ho citato sopra sono affermazioni molto comuni, dove i soggetti coinvolti utilizzano un metro di giudizio per valutare la stessa situazione che stanno vivendo.

Ad ognuno di noi sarà capitato di vivere questa illusione in cui si ritiene il proprio ruolo preponderante rispetto a quello dell'altro: questo potrà portare a litigi e incomprensioni importanti, che hanno la propria causa proprio in questa ipervalutazione della realtà, a discapito di un sano e reale senso critico.

Poiché il nostro bagaglio di conoscenze ed esperienze vissute è sicuramente condizionato da una serie di credenze interiorizzate, possiamo decidere di reagire in due modi molto diversi: se "il nuovo" si accorda con i nostri valori, le informazioni acquisite o le nostre valutazioni, saremo propensi ad accettarlo, al contrario se ci fosse un contrasto ci comporteremo con più diffidenza, dato che nostro sistema di allarme si attiva ancor prima di conoscere la situazione nuova per intero.

L'asserzione secondo cui "è la prima impressione quella che conta" trova perciò il suo fondamento nella logica del nostro cervello, perché è difficile cambiare gli schemi appresi: se pensiamo che una persona non meriti la nostra fiducia, sarà molto difficile cambiare idea nei suoi confronti o ignorare le sensazioni negative che ci suscita.

Quando dobbiamo verificare un'informazione il nostro cervello ragiona per prova ed errore, un po' come fanno gli scienziati per verificare una nuova teoria. Il Sé cognitivo ragiona in modo orientato alla conservazione conoscitiva: opera procedendo da credenze e giudizi consolidati per non cadere in un caos conoscitivo, garantendosi degli appigli che rappresentano le nostre certezze.

Questa propensione al mantenimento di uno status quo cognitivo ci pone la questione del senso di infallibilità del Sé, soprattutto davanti ad eventi avversi. A chi di noi non è capitato di dire "lo sapevo!" di fronte alla delusione di un amico, allo sgambetto del collega o ad altri ostacoli.

Ci sentiamo come se avessimo avuto una premonizione: ciononostante il nostro Sé, davanti ad un mondo in costante cambiamento, è spinto ad evolvere e cambiare la prospettiva su molte cose, quindi come opera in questo senso il conservatorismo cognitivo della nostra mente? Il nostro cervello ci propone una rilettura di quanto è accaduto: se, per esempio, un amico ci ha deluso, arriveremo a pensare che ci eravamo accorti dei suoi cambiamenti. In questo senso daremo una lettura diversa del passato in considerazione del presente che sta accadendo.

Se chiediamo ad una persona adulta come è stata la sua gioventù, ci dirà che era molto diversa da quella che vivono i giovani d'oggi. In realtà ogni periodo ha la sua specifica caratterizzazione, ma il nostro cervello tenderà a darne una lettura totalmente diversa sempre a nostro favore, in maniera poco obiettiva, se vogliamo dirla tutta.

A tal proposito, lo psichiatra George Vaillant sosteneva che i bruchi diventano delle farfalle e questo fa parte della loro evoluzione, ma gli stessi bruchi una volta diventati adulti credono di essere sempre stati delle farfalle, solo più giovani e più piccole. Il processo di maturazione cognitiva dell'uomo sembra basarsi un po' sulla menzogna, nello stesso modo in cui la farfalla finge di non ricordare cos'era prima.

Questo egocentrismo cognitivo ci porta a pensare che anche gli altri la pensino come noi, siamo convinti che le nostre idee siano condivise in quanto sicuramente corrette.

Più ci si addentra nella scoperta del Sé e più il viaggio assume sfumature interessanti: forse molti non sono a conoscenza del fatto che esiste un Sé pubblico e uno privato.

Nessuno di noi ha un solo Sé, l'essere umano possiede facce molteplici. Una persona può essere fredda e calcolatrice nell'ambito lavorativo, ma poi tra le mura domestiche può diventare passionale e amorevole: ovviamente non ci stiamo riferendo ad individui affetti da doppia personalità come si potrebbe pensare. Stiamo invece analizzando i due lati del Sé: quello privato consiste nell'immagine che abbiamo di noi stessi, quello pubblico riguarda l'immagine di noi che hanno gli altri.

I due Sé sono in un certo senso legati, infatti molte persone sono influenzate dall'opinione degli altri e noi stessi possiamo a nostra volta influenzare gli altri, dal momento che, quando i pensieri si trasformano in parole, hanno il grande potere di creare e influire positivamente, ma anche di distruggere.

La socializzazione svolge un ruolo importante fin da bambini, perché attraverso il confronto con i pari viene trasmessa un'immagine di sé stessi che, nel corso del tempo, assumerà dei contorni sempre più definiti. L'immagine di sé dipende molto dalla relazione che abbiamo avuto con le figure di riferimento con le quali siamo cresciuti, come i genitori, i fratelli, le sorelle e i parenti stretti. Se la madre crede che il proprio figlio sia timido arriverà al punto di convincere il proprio figlio che il suo carattere è introverso, magari con azioni e parole ripetute nel tempo che si sedimentano nel subconscio, fornendo l'informazione definitiva: "sei timido".

Quello che accade al bambino può accadere benissimo anche all'adulto grazie ad un effetto sociale chiamato "specchio", che ci induce a rispecchiarci nel giudizio che hanno le persone su di noi.

È anche vero che il modo in cui noi ci vediamo viene percepito dagli altri. Se ci consideriamo persone timide ci comporteremo come tali, se siamo sicuri nel presentare un'idea anche gli altri ne risulteranno convinti. Una donna che si sente attraente lo sarà davvero perché i suoi atteggiamenti comunicheranno questa sicurezza. Non sottovalutiamo mai il potere dei nostri pensieri perché ciò che è nel pensiero finisce per diventare reale.

Non giudichiamoci mai troppo seriamente: un'opinione, sia nostra che altrui, non è di certo immutabile. Va anche detto che gli altri hanno un'idea sfumata di noi, una visione ridotta, perché ovviamente non possono conoscere tutte le caratteristiche del nostro essere: esiste sempre una parte privata accessibile a pochissime persone in cui custodiamo i lati più delicati e privati della nostra personalità.

Quando utilizziamo l'espressione "farsi un'idea" significa che i nostri ragionamenti sono basati sulle impressioni, su quello che percepiamo in quel momento: è bene ricordarsi che non vediamo mai una situazione con uno sguardo completamente oggettivo, poiché esiste sempre l'interferenza dall'interpretazione soggettiva.

I due Sé, per quanto interagiscano, non coincidono mai perché tendenzialmente ognuno di noi tende a voler dare agli altri un'immagine di sé migliore possibile, desideriamo sempre apparire persone vincenti. Presentando noi stessi agli altri, recitiamo un ruolo in un certo senso, non mostriamo tutte le caratteristiche del nostro Sé, perché, come abbiamo detto, ognuno di noi cerca di sviluppare un Sé pubblico parallelamente a quello privato. Siamo abituati a nascondere certe caratteristiche a seconda del nostro interlocutore in quanto siamo certi che, grazie ad una buona presentazione di ciò che siamo, potremo ottenere la stima e la comprensione degli altri. Se gli altri ci approveranno, penseremo di essere persone capaci con un'immagine efficace.

Questi continui "aggiustamenti" avvengono il più delle volte in modo inconsapevole, poiché siamo abituati a modificare il nostro atteggiamento a seconda della situazione: il comportamento che teniamo in ufficio non sarà sicuramente lo stesso che teniamo in chiesa o con gli amici. In poche parole, utilizziamo gli aspetti del nostro Sé in maniera tattica, anche se non ce ne accorgiamo: tutti i nostri comportamenti sono rivolti ad ottenere il favore e la considerazione altrui.

Tuttavia, il Sé che mostriamo agli altri ha anche una valenza strategica, differente da quella tattica appena analizzata: il significato strategico del Sé è fondamentale per la costruzione della nostra l'identità sociale, verifichiamo costantemente l'effetto che produciamo sulle altre persone e questo ci aiuta a definire noi stessi.

Quando presentiamo una faccia di noi stessi, in un certo senso è come se stessimo recitando una parte. Questo aspetto influenza il Sé privato indipendentemente da quello che gli altri pensano. Lo stesso Nietzsche affermava che: "se un individuo cerca a lungo di assomigliare a qualcosa, alla fine sarà per lui difficile essere qualcos'altro". Le parole del filosofo sono vere per tutte le epoche e per tutti gli esseri umani, perché quando si entra così bene in una parte, è possibile ingannare anche sé stessi. Ci vuole un grande coraggio per conoscersi veramente, per molti è più semplice affrontare un nemico piuttosto che addentrarsi alla scoperta del proprio Sé. La conoscenza è l'atto liberatorio più grande che abbiamo nelle nostre mani.

Autostima Alta e Bassa

Non è semplice determinare il grado dell'autostima, dato che per farlo ci servirebbero dei punti di riferimento fissi. Se dessimo ai nostri amici un questionario per determinare il loro livello di autostima, la valutazione non sarebbe del tutto semplice, ci sono molti fattori da considerare e alla fine non avremmo la certezza del risultato.

Quando si parla di autostima entrano in campo una molteplicità di fattori a cui è possibile che ognuno di noi assegni una rilevanza differente, e ciò significa che, a parità di risultato, esistono differenze importanti sulla percezione della propria autostima. Ai fini di una corretta valutazione, non risultano determinanti esclusivamente le nostre considerazioni personali, poiché dobbiamo analizzare il rapporto che intercorre tra le autovalutazioni e le aspirazioni. Questo rapporto si ottiene analizzando la discrepanza tra quello che si pensa di sé e cosa si vorrebbe essere. Se il divario che ci si presenta è grande l'autostima sarà bassa, se diversamente questo divario è piccolo l'autostima sarà alta.

Quando pensiamo al concetto "voler essere", ci troviamo di fronte a un bivio: da un lato ci riferiamo a ciò che ci piacerebbe essere, collegandoci alla sfera dei desideri, dall'altro a ciò che dovremmo essere secondo le regole morali o sociali.

Molte persone hanno paura di deludere le aspettative altrui, si costruiscono ideali e valori che in buona parte dipendono sempre dal contesto sociale oltre che da preferenze individuali. Quando l'autostima subisce un calo, non manifestiamo ogni volta le stesse reazioni, possiamo sentirci delusi oppure scoraggiati a seconda della situazione in essere. Quando viviamo una condizione differente da come vorremmo, nasce in noi la scontentezza; quando non siamo come dovremmo essere nasce il senso di colpa.

Queste emozioni ci segnalano il tipo di divario in atto, se si prova maggiormente un'emozione a dispetto di un'altra si riesce a capire il più delle volte l'origine del proprio malessere o del conflitto interiore in atto. L'autostima è ben nutrita quando abbiamo rispetto e amore verso di noi e ci sentiamo realizzati, come abbiamo visto nei capitoli precedenti. Alcuni conflitti fanno risaltare determinate discrepanze che vivono dentro di noi: pensiamo alla casalinga che vorrebbe realizzarsi ma non riesce nel suo intento, a causa degli impegni familiari e dal conflitto che vive internamente, cosa che la porta a pensare di essere una cattiva madre o moglie.

Oppure il caso del manager che vive male i suoi impegni professionali perché sa di togliere del tempo alla famiglia. Il divario esiste anche nella relazione tra quello che noi siamo e quello che gli altri vorrebbero che fossimo. Questo gioca un ruolo centrale in termini di autostima. Mettiamo il caso che la moglie del manager citato in precedenza gli chiedesse di essere più presente in famiglia, questo per lui comporterebbe non essere presente sul lavoro come gli viene richiesto: in poche parole, si troverebbe tra due fuochi e questa situazione, invece di aumentare la sua l'autostima, lo porterebbe ad incrementare il senso di colpa e a percepirsi come inadeguato sul lavoro, nell'impossibilità di accontentare simultaneamente entrambe le parti.

Ognuno di noi, durante il percorso della sua esistenza si trova a dover superare delle prove. C'è chi le vive come una sfida positiva per misurarsi e dar prova della propria competenza, e chi le vive come una minaccia al proprio equilibrio e alla propria tranquillità. Di fatto il mondo esterno ci fornisce un giudizio sulla nostra persona: siamo esposti continuamente alle valutazioni altrui e questo condiziona la percezione che abbiamo di noi stessi. E un po' come se il giudizio ci mettesse di fronte ad uno specchio, per cui possiamo sempre modificare la nostra immagine grazie alla dimostrazione del nostro valore.

Il vero problema risiede non tanto nella dimostrazione agli altri, ma nella fiducia che poniamo in noi stessi: se siamo noi i primi a non credere nelle nostre potenzialità, trasmetteremo la nostra sfiducia agli altri. La paura del giudizio ci fa vivere in una trincea emotiva, dove il nostro Sé non è libero di esprimersi ma viene bloccato da diversi processi mentali.

Chi non dà troppa importanza al giudizio altrui è meno vulnerabile alle critiche ricevute, perché dà più peso alla propria valutazione: in questo caso l'autostima non subisce dei cali. Se si vive la propria vita avendo come faro le altrui aspettative, se il bisogno di piacere a terze persone è più importante di quello di piacere a sé stessi si vive in disequilibrio, a causa del bisogno di approvazione o di ammirazione che può celare una grande insicurezza.

La bassa autostima porta ad avere aspettative negative che producono dei sintomi più o meno gravi, dall'ansia allo scarso impegno in molti ambiti sociali e relazionali. Si sviluppa un vero e proprio circolo che ha la negatività come filo conduttore di ogni azione. Chi ha un'autostima maggiore non viene influenzato dai pensieri altrui, non pensa di essere inadeguato e la sua attenzione è concentrata sull'obiettivo da raggiungere, poiché non si temono gli ostacoli, che al contrario vengono percepiti come uno stimolo a dare il meglio. Quando parliamo di alto o basso livello di autostima ci sono chiaramente tante sfumature intermedie, perché non c'è un solo grado di tonalità di colore per definire l'autostima e nemmeno un polo negativo o positivo.

La bassa autostima presenta generalmente un circolo vizioso, per cui si hanno delle aspettative negative che conducono ad avvertire un'ansia sproporzionata all'impegno che inevitabilmente inficia il risultato finale, con la conseguenza di rafforzare ulteriormente la bassa valutazione di sé stessi.

I diversi gradi di autostima nelle persone non sono determinati dalle capacità di partenza, ma dalla percezione che abbiamo di tali capacità. La valutazione che operiamo su noi stessi avviene nel corso della vita in base alle prove superate, ai relativi successi o ai fallimenti che ne sono derivati. Anche se a volte pensiamo di essere portati all'insuccesso, dobbiamo ricordare che questa non è altro che un'illusione che deriva dalla percezione delle nostre capacità. A tal riguardo, un altro fattore che determina la nostra valutazione personale è il bagaglio di esperienze pregresse e il tipo di infanzia avuta, come già visto. L'educazione che riceviamo quando siamo bambini ha una precisa influenza sull'idea che abbiamo di noi: quest'idea verrà più o meno rafforzata in seguito dal contesto sociale in cui viviamo e interagiamo.

Un genitore che ha un approccio rassicurante e incentivante sprona nel proprio figlio lo sviluppo di una sana autostima; un genitore che fa dipendere il suo affetto dalla prestazione, porta il figlio a sviluppare una bassa autostima.

Si può talvolta presentare il rischio di confondere un'eccessiva autostima con una mancanza di realismo: ricordiamo che una sana autostima è sempre legata ad una visione equilibrata della realtà: se una persona si comporta da incosciente, dovrà essere valutata come irresponsabile e non come soggetto con troppa autostima!

Una corretta conoscenza porta sempre verso la verità, chi fugge dal dolore vivendo fuori dal reale fa del male solo a sé stesso. La realtà per sua natura è soggetta a distorsioni, infatti difficilmente si riportano i fatti per quello che sono: la mente opera sempre una certa distorsione cognitiva ma finché si resta entro certi limiti questa modalità è sana e funzionale, viceversa quando è eccessiva ci troviamo di fronte a persone che si credono invincibili, perché sviluppano un senso di fiducia basato su aspettative irreali. Diversa cosa è l'atteggiamento di speranza: l'attitudine alla speranza nasconde una grande forza, e la consapevolezza che, nonostante tutto l'impegno e l'autostima possibili, esistono fattori che non dipendono solo da noi.

Gramsci affermava con queste parole il suo modo di pensare in grande: "Occorre violentemente attirare l'attenzione sul presente così com'è, se si vuole trasformarlo", parole di un grande realismo che ci indicano che è fondamentale è che la nostra valutazione delle situazioni e delle nostre azioni corrisponda al nostro vero pensiero, per non farci influenzare o dominare dalla volontà altrui, come delle marionette.

L'autostima presenta non solo numerose sfumature, ma anche una certa instabilità, che dipende dal nostro passato ma anche dal nostro presente. Ogni giorno siamo infatti coinvolti in difficoltà che ci possono portare ad un piccolo successo o ad un piccolo fallimento, e come sappiamo da ciò deriva un parziale giudizio su di noi. Dobbiamo tenere sempre a mente che, ad esempio, il fatto di non essere presi per un lavoro non significa che come persone non valiamo nulla, oppure che il rifiuto di una persona che ci piace non significa che siamo brutti. In poche parole, anche se alcune persone per un solo giudizio cadono in un baratro di profondo sconforto, dobbiamo sforzarci di ricordare che un singolo evento non può determinare tutta la complessità e la bellezza che ognuno di noi ha dentro di sé!

Se abbiamo un concetto del nostro Sé poco sviluppato, possiamo facilmente incorrere in queste trappole cognitive. Se una persona non ha chiaro il valore, i suoi punti di forza o di debolezza, i suoi sogni o le sue aspirazioni, andrà alla ricerca di continue conferme nelle persone che incontra quotidianamente e, a seconda delle risposte ricevute, l'autostima subirà dei grossi sbalzi a causa di generalizzazioni frettolose su ciò che siamo.

Sappiamo anche quanto il nostro vissuto influisca sul nostro benessere psicologico, dal rapporto avuto con genitori, a quello con gli insegnanti, o con il gruppo di pari. Se durante la crescita siamo stati sottoposti a giudizi mutevoli, di natura contraddittoria, magari dovuti all'umore del momento, probabilmente ci troveremo ad avere un'autostima fluttuante. Il bambino di fronte a questo comportamento instabile non riesce a decifrarne le motivazioni, arriverà a pensare che tutto sia frutto del caso, non riuscirà a capire la chiara correlazione tra quello che è, e quello che può ottenere se si comporta in un certo modo.

I Volti dell'Autostima

Addentriamoci ora a tratteggiare le caratteristiche proprie di una persona con alta autostima e una con bassa autostima. Iniziamo a scoprire i modi diversi con cui può manifestarsi l'alta autostima in due differenti soggetti, che chiamiamo A e B.

A. Questa persona è sicura del proprio valore, si piace, non necessita di conferme continue da parte degli altri, non considera gli insuccessi una sconfitta definitiva ma li percepisce come una nuova partenza, riconosce le proprie debolezze e i punti di forza che le hanno permesso di vincere o di perdere nelle varie situazioni della vita.

B. Questa persona è insicura e si inganna da sola, poiché non si racconta le cose come stanno ma preferisce vivere una vita priva di ostacoli. Invece di accogliere il nuovo vive costantemente sulla difensiva, giustifica gli insuccessi attribuendoli a fattori esterni, tende anche a rassicurarsi spesso, perché il fatto di trovare sempre giustificazioni ai suoi errori le permette di focalizzare l'attenzione non sul risultato ottenuto ma sulle cause che l'hanno determinato.

Leggendo i profili non sembra che entrambi gli individui abbiano un'alta autostima: in realtà, la fiducia in sé stessi può manifestarsi in modi diametralmente opposti.

La loro diversità sta proprio nella differente valutazione e accettazione del proprio Sé: da un lato abbiamo un'accettazione consapevole di pregi e difetti, dall'altra una continua difesa dei propri valori. La persona A ha un'autostima stabile, diversamente dalla persona B. Provate a fare caso anche nella vostra rete di amicizie, le persone con il tratto B tendono a vantarsi delle loro azioni anche se sappiamo bene che non conseguono grandi risultati e conferiscono a fattori esterni la causa del proprio fallimento. Nulla dipende da loro poiché mancano di capacità di autocritica e si sentono sempre in balia degli eventi.

Dal canto suo, anche la bassa autostima presenta due volti distinti, che osserviamo nelle personalità C e D.

C. Questa persona possiede una bassa autostima con un carattere stabile, perché si è profondamente convinta del suo scarso valore: ha la sensazione che tutto quello che fa non porterà alcun risultato, in ogni caso. Se riceve una valutazione positiva si mostra diffidente e incredula, sogna ad occhi aperti e pensa che un possibile cambiamento in fondo sia solo una triste illusione del tutto irrealizzabile.

D. Questa persona possiede un'autostima con un carattere incerto, non è profondamente convinta di avere poco valore, però al tempo stesso teme che sia così e quando riceve un segnale negativo ha paura di una possibile conferma di ciò. Non è sicura di quello che è in grado di fare, quindi la migliore strategia per lei è quella di ridurre i rischi. Come la personalità B, anche la D mette in atto delle strategie difensive ma, diversamente dalla prima che dava la colpa a fattori esterni, il soggetto con bassa autostima attribuisce la colpa dei fallimenti al suo scarso impegno, cercando così di evitare ogni tipo di giudizio, che teme fortemente. Non si espone in prima persona in quanto preferisce brillare di luce riflessa affiancandosi a persone di valore.

Questa non è una classificazione di merito e non è possibile stabilire chi soffra di meno e chi di più, chi deve affrontare più battaglie rispetto ad un altro. Non sto giudicando quale persona tra questa sia migliore, poiché è chiaro che il proprio "valore" dipende da tanti fattori e mai da uno isolato: ciò premesso, possiamo semplicemente osservare che, nel caso dell'alta autostima, l'individuo A svilupperà sicuramente un comportamento più solido e costruttivo rispetto all'individuo B. Una minore vulnerabilità personale può certamente assicurare una maggiore apertura verso il nuovo.

Una Questione Filosofica e Culturale

Riflettendo sulle correlazioni esistenti fra filosofia e autostima mi è venuto in mente un saggio famoso dal titolo "Fiducia in sé stessi" scritto dal filosofo americano Ralph Waldo Emerson. Fin dall'epoca di Platone, la filosofia aveva l'intento di migliorare l'esistenza degli uomini, rappresentava uno strumento che permetteva di operare delle scelte in maniera autonoma e capace senza l'altrui condizionamento. Emerson sostiene che è proprio questa autonomia a rendere credibile il pensiero, nel senso che consente di essere sé stessi.

L'uomo è un essere unico, ha un grande potere ma è anche responsabile del proprio agire: solo se riusciamo a dare voce alle nostre convinzioni profonde possiamo sentirci in armonia con nostro essere più profondo. La filosofia ci insegna proprio questo, poiché tutti i filosofi hanno sempre espresso il loro pensiero e mai quello altrui, anche rischiando di essere impopolari o andare controcorrente. Questa riflessione ci fa comprendere quanto sia importante il livello di considerazione di sé stessi e la fiducia nel proprio operato.

L'errore consiste nell'aver dimenticato di ascoltare la nostra voce interiore: diamo importanza a quello che ci giunge dall'esterno e non ascoltiamo quello che abbiamo dentro. L'onestà verso sé stessi non è una cosa da poco, come lo è l'accettazione: quando si dà troppa poca importanza al proprio io non si riesce a vivere la vita nel segno dell'efficacia.

"Quel che abbiamo alle spalle e quel che abbiamo davanti sono piccole cose se paragonate a ciò che abbiamo dentro."
(Ralph Waldo Emerson)

Anche l'istinto è importante, in esso è racchiuso il genio di colui che riesce ad ascoltare e dare voce al suo sentire, una voce che pochi ascoltano eppure è la più sincera. Quando non ascoltiamo questo richiamo mettiamo a tacere una parte di noi e di conseguenza le togliamo la credibilità. La nostra autostima ne esce corrotta come la fiducia in noi stessi, basta poco per perdere la capacità di agire nella propria vita.

La voce interiore si fa strada nella solitudine, non è udibile in mezzo al baccano del mondo. La società, come i centri di potere in generale, amano e alimentano il conformismo, è più facile gestire un popolo uniformato rispetto ad una molteplicità di pensieri autonomi. Quando ci mostriamo anticonformisti riveliamo la parte più autentica, abbiamo il coraggio di essere noi stessi in ogni situazione e contesto. Sempre dal libro di Emerson, vi riporto questa frase che trovo molto bella, in quanto rispecchia il significato dell'autostima:

"Quel che io debbo fare è quanto riguarda me, non ciò che la gente ne pensa. Una tale regola, tutt'altro che facile da applicare sia nella vita pratica che in quella intellettuale, potrebbe servire come esatta distinzione tra grandezza e mediocrità. Tutto è poi reso arduo dal fatto che c'è sempre qualcuno che crede di sapere quali siano i tuoi doveri meglio di quanto non sappia tu stesso. È facile, nel mondo, vivere secondo l'opinione del mondo; è facile, in solitudine, vivere secondo noi stessi, ma l'uomo grande è colui che in mezzo alla folla conserva con perfetta serenità l'indipendenza della solitudine."

L'autostima non è alimentata solo da un pensiero che nasce dentro ognuno, ma anche dagli obiettivi, cioè da quello che ci preme raggiungere nella nostra vita: la mèta in molte occasioni diviene il motore propulsore della volontà, il cui fine è quello di dimostrare a noi stessi il nostro valore.

Non in tutte le epoche storiche si è data importanza all'autostima personale: se oggi ci risulta necessario parlare di stima verso la propria persona, possiamo immaginare che, in tempi lontani, le vicissitudini storiche non dessero spazio a tali esigenze psicologiche. Per esempio, nel Medioevo la questione del Sé non era minimamente presa in considerazione, non esisteva alcuna individualità da promuovere. Ogni persona faceva parte di un ordine prestabilito, non vi era la possibilità di miglioramento delle proprie condizioni sociali, e questo portava le persone a vivere con l'unico scopo di soddisfare i bisogni primari fondamentali legati alla sopravvivenza.

I cosiddetti "Secoli bui" non valorizzavano l'affermazione del proprio Sé, ma la sua negazione: l'uomo non aveva diritti e non esisteva la libertà come la concepiamo noi oggi. L'idea di "individuo" come essere autodeterminato è emersa durante il rinascimento e si è ampliata nei secoli successivi, da qui è nata l'idea che l'uomo abbia il diritto di ricercare la propria felicità. Questo diritto riflette una necessità umana, un bisogno che nasce dall'espressione dei propri valori e competenze. Se vogliamo trovare una radice all'autostima possiamo dire che la sua natura è biologica, perché è strettamente connessa ad una sopravvivenza ottimale, quindi si rifà ad un bisogno profondo e non ad un'accezione culturale.

L'adattamento che dimostriamo nei confronti dell'ambiente dipende dalla nostra capacità di pensare: in base a questa osservazione dobbiamo chiederci quanto viviamo consapevolmente i nostri giorni e quanti ne abbiamo trascorsi solo a respirare, perché tra vivere consapevolmente e vivere c'è una grande differenza. Quando la consapevolezza è alta si è padroni della situazione, più si è coscienti e più gli sforzi ci condurranno ad una situazione di successo. La consapevolezza non trae la sua origine dalla cultura, bensì dalla realtà.

L'autostima richiede anche la piena accettazione di sé stessi, senza questa condizione tutto rischia di crollare da un momento all'altro. Quando rifiutiamo qualcosa che fa parte di noi, della nostra storia e del nostro vissuto andiamo a danneggiare l'autostima, poiché il percorso della negazione non porta mai verso un'evoluzione. La cultura che si può riscontrare in molte società tiranniche, ad esempio, nega questi valori autodeterminanti, e da questo si evince che non tutti i tipi di culture aspirano al benessere degli individui.

Quando agiamo è necessario che dietro ad ogni nostra azione ci sia un forte senso di responsabilità, altrimenti deleghiamo ad altri la nostra felicità. Quando affidiamo a qualcun altro il compito di renderci felici, ci scaviamo da soli la fossa dell'infelicità. Agire basandosi sul proprio senso di responsabilità non significa lavorare in solitaria: il lavoro di gruppo non è escluso, anzi, risulta molto più efficiente se ognuno contribuisce col proprio senso di responsabilità.

Sono esistite delle culture totalitarie che non hanno permesso la naturale affermazione del Sé, poiché in questi paesi veniva considerato come un non-valore: questa terribile situazione ha portato i cittadini alla negazione dei propri desideri e del proprio pensiero. Ogni paese può avere i propri usi e costumi, ma la situazione diventa grave quando si nega all'uomo il soddisfacimento dei propri desideri, quando gli si nega la possibilità di affermazione personale, perché questa coercizione rema contro il mantenimento della propria autostima e della forza vitale che si trova dentro di noi.

Se una cultura blocca la creatività, l'affermazione, i desideri e l'individualità, cosa resta di un uomo? Diventa simile ad una macchina, dove i pensieri sono programmati e non è permessa l'autonomia né l'iniziativa personale. L'affermazione di sé in una società libera avviene naturalmente, sono i sentimenti come la paura che bloccano lo spirito umano.

Nell'aspirazione verso un obiettivo riecheggia il concetto di cooperazione: collaborare con gli altri non significa dover trovare dei compromessi in funzione della propria affermazione, al contrario, si potrà utilizzare la propria intelligenza a favore del contesto sociale: in ciò sta la capacità di lavorare in squadra.

Gli obiettivi che ci diamo nella vita possono essere i più svariati, e vanno dal lavoro alle soddisfazioni personali. Ogni obiettivo raggiunto sostiene la nostra consapevolezza, attraverso queste tappe di vita cerchiamo sempre di alimentare il sentimento verso noi stessi.

L'autostima è una componente spirituale del nostro essere, è una ricchezza che viene da dentro e non ha a che fare con nessun Dio, ma con noi stessi.

La felicità non dipende dalla cultura di appartenenza, perché, come sappiamo, a livello storico ci sono nazioni che non hanno promosso questa ricerca interiore, ma hanno imposto comportamenti miopi e costrittivi invece di promuovere un concetto di libertà personale. In India, per esempio, tantissime vedove sono state arse vive per il persistere di tradizioni di questo tipo, così come in molte culture africane alle donne viene imposta la mutilazione dei genitali. In contesti del genere, come si può sviluppare un'autostima che promuove "lo sviluppo delle proprie propensioni e capacità", per dirla con Aristotele?

Ogni volta che tradiamo le nostre convinzioni lasciamo dei segni anche nella nostra autostima, e questo non avviene a causa della cultura di riferimento, ma per la propensione di certe persone a non credere in sé stessi, cosa che le espone a mutare i propri codici per uniformarsi agli altri. Il cambiamento è un bene quando apporta qualcosa, e mai quando toglie.

D'altra parte, bisogna anche considerare che è difficile sfuggire all'influenza che esercita su di noi l'ambiente sociale. Proviamo a pensare alla concezione della donna: in molte culture la donna è stata o è ancora considerata un essere inferiore. A tutt'oggi, gli episodi di violenza domestica sottintendono questo concetto di inferiorità rispetto all'uomo, per cui ci si aspetta che l'uomo comandi e la donna obbedisca. La donna viene considerata inferiore anche in molte religioni come quelle fondamentaliste, e la stessa religione cristiana per secoli ha inculcato alle donne l'idea che il rapporto che dovevano avere con il proprio marito dovesse essere come quello che avevano con Dio, improntato ad un credo e ad una sottomissione senza possibilità di replica.

Tutto ciò ha notevolmente influito sulla percezione femminile della propria autostima: se una donna vive immersa in un ambiente culturale che la reputa inferiore, le risulterà difficile ribellarsi e provare ad emergere, tenderà a reprimere il proprio Sé, oppure rischierà la propria vita contro l'ordine costituito. La stessa visione castrante può riguardare agli uomini nel loro rapporto con il lavoro: se una donna perde il lavoro non si sente sminuita, ma se è l'uomo a perderlo si sente avvilito e umiliato. Se a livello culturale alle donne era dovuta l'obbedienza al marito, all'uomo era richiesta la responsabilità di mantenere la famiglia. Oggi i ruoli stanno fortunatamente cambiando, in un'ottica di una maggiore emancipazione femminile e di condivisione delle proprie responsabilità, ma è bene non ignorare il passato per non commettere gli stessi errori involutivi nel prossimo futuro. Ognuno è libero di esprimere il proprio Sé indipendentemente dal sesso o dalla razza, anche se a volte anche i fatti di cronaca ci confermano che esistono ancora realtà dure a scomparire in certi ambienti culturali.

Sulla questione lavorativa bisogna fare una precisazione: se la perdita del posto di lavoro avviene per causa nostra, l'autostima potrebbe venire intaccata, ma se questo avviene per motivi indipendenti da noi come, per esempio, una crisi economica, non ha alcun senso colpevolizzarsi, poiché sappiamo che esistono degli eventi che indipendenti da noi. Noi abbiamo però la responsabilità di reagire in una maniera adeguata. L'autostima riguarda tutto quello che implica una nostra libera scelta.

Per molti secoli gli uomini sono cresciuti in un contesto tribale, per cui si sacrificava l'importanza dell'individuo a favore di quello della tribù: fuori dal gruppo l'uomo non era nulla. Platone fu in un certo senso il fautore di questo collettivismo, infatti egli diceva nelle sue *Leggi*: "ritengo il singolo e i suoi affari di secondaria importanza". Secondo la cultura della Grecia antica, infatti, l'uomo doveva operare per il bene comune senza agire con uno spirito individualistico. Posporre il proprio bene a favore dello Stato è un principio che troviamo in tutti i regimi totalitari, seppur con una valenza ben diversa rispetto a quella degli antichi greci. L'uomo, in un regime, non ha alcuna importanza come essere isolato: il suo valore dipende dal fatto che fa parte di qualcosa e non dal fatto che è qualcuno.

Neanche nel Medioevo esisteva il concetto di identità personale: una persona veniva definita in base al ruolo che occupava nella società, e a quel tempo non c'era la possibilità di cambiare la propria posizione sociale come la intendiamo ai nostri giorni, non era data la possibilità di miglioramento o di iniziativa personale. Il punto fondamentale, a mio avviso, è il fatto che queste forme di società non davano l'importanza all'individuo, al suo essere, ai suoi desideri e ai suoi bisogni in quanto essere umano, insomma a tutto ciò che è basilare per la costruzione di una sana autostima personale.

Anche molti adolescenti hanno una mentalità di "gruppo", che è talmente forte e radicata alla loro età da farli ritenere delle nullità senza il gruppo, che invece dona loro una identità. In questo modo viene schiacciato il proprio Io, con l'obiettivo di appartenere ad una realtà più grande. La verità è che non può esistere alcun rapporto sano nel momento in cui il nostro Sé è sottomesso a logiche che remano contro l'individuo. L'autostima necessita di un atto di coraggio, ovvero di credere in noi stessi, senza l'eccessiva influenza del passato o del futuro, credere cioè con la consapevolezza del nostro qui e ora, ovvero del presente. Tutto quello che sembra facile in realtà richiede un gran lavoro cognitivo, ed è per questo che l'accettazione del proprio Sé è paragonabile ad un vero e proprio cammino da compiere.

Autostima e Bullismo

Il bullismo è un fenomeno sociale tristemente noto, per cui alcuni individui cercano di sopraffare un soggetto più debole con tecniche più o meno velate, mostrando il proprio potere violento. Si sente molto parlare di bullismo nei contesti scolastici: la paura che il proprio figlio sia vittima di bullismo generalmente inizia con l'ingresso alle medie e si acutizza negli anni dell'adolescenza. Voglio citare a tal proposito le parole del giornalista Gramellini, perché credo che riescano a riassume la pochezza di un gesto o di un modo di essere che fa sentire grande chi in realtà è rimasto piccolo:

"Ogni volta che la cronaca ci sbatte in faccia bande di nazistelli che picchiano ebrei o gruppi di ragazzi

che sbertucciano un compagno troppo sensibile fino a indurlo al suicidio, mi domando in quale anno, in quale secolo siamo. (...) Se chiudo gli occhi, mi sembra di vederli sfilare al passo dell'oca: bulli, nazistelli, fanatici di ogni risma e colore. Avvinghiati alle loro patetiche certezze di cartapesta, al loro ridicolo senso del rispetto e dell'orgoglio tribale. Tanti Io deboli raggrumati in un Noi insulso. Li guardo e non mi fanno paura. Solo tanta pena. Spero che un giorno la vita li sorprenda davanti a uno specchio, costringendoli a vedere che siamo tutti sul medesimo albero. Anzi, che siamo l'albero, e chi dà fuoco a un ramo diverso dal proprio sta solo incendiando sé stesso."
(Massimo Gramellini)

Un aspetto interessante deriva dall'origine della parola stessa che molti credono sia anglosassone: in realtà "bullismo" deriva dall'olandese Boel, che significa fratello, che poi si è trasformato in Bully. Il significato originario era positivo poiché la traduzione iniziale era "tesoro", e veniva utilizzata quando ci si rivolgeva ad una persona: suonava un po' come "bravo ragazzo". Nel corso dei tempi, quella stessa parola ha assunto un'accezione più negativa fino a diventare "bullo", equivalente di spaccone o molestatore. Il bullo è una persona vigliacca che non si misura mai con i suoi pari ma preferisce prendere come bersaglio chi ritiene più fragile, mostrandosi prepotente, violento e in taluni casi manipolatore.

Verso la fine degli anni Settanta Dan Olweus, affermato psicologo e studioso della fenomenologia del bullismo, ha affermato che questo fenomeno non riguardava esclusivamente il singolo individuo, ma poteva essere esteso anche al gruppo.

Il bullismo analizzato come comportamento presenta dei fattori distintivi. In primo luogo, nel bullismo c'è l'intenzione, i comportamenti messi in atto sono determinati dalla volontà, si vuole arrecare un danno di natura fisica o psicologica all'altra persona. Le azioni vengono ripetute nel tempo, alcune vittime vengono "bullizzate" ogni giorno, soprattutto in un contesto come quello della scuola. Lo scontro non avviene mai ad armi pari in quanto il bullo tende a schiacciare l'altro con la sua forza, che può essere fisica o di altra natura.

Esistono due forme di bullismo: il bullismo diretto e quello indiretto. Nella prima modalità rientra sia la violenza fisica che quella verbale. La modalità indiretta ha un raggio d'azione più psicologico, che può riguardare l'esclusione o le calunnie, oppure i pettegolezzi diffamatori. Il motivo per cui si supportano le vittime oppure i carnefici riguarda la stima di sé stessi: i ragazzi che nutrono una buona stima di sé e un buon equilibrio sono più propensi a conseguire i successi non solo a livello scolastico ma anche dal punto di vista relazionale, per cui non hanno alcun bisogno di dimostrare il proprio valore con atti violenti o manipolatori verso i più deboli.

Come abbiamo visto, il concetto di Sé riguarda la percezione che si ha nei confronti di sé stessi sulla base anche di quello che ci rende diversi dagli altri. Il valore che attribuiamo a noi stessi può avere un peso nei fenomeni di prevaricazione come il bullismo: se ci concentriamo sulla relazione tra autostima e bullismo, emerge che i ragazzi vittima di bullismo hanno una scarsa autostima che li porta a mettere in dubbio il proprio valore. Mostrandosi come privi di autostima divengono delle facili prede per i bulli che possono sottometterli sia a livello fisico che psicologico.

I bulli dominano sul gruppo grazie alla loro prepotenza, e il fatto di sentirsi leader li fa sentire ancora più forti. Possiedono un'alta autostima associata a manie di grandezza e di superiorità. I bulli sono ben visti all'interno del loro gruppo dove godono di ammirazione, ma al di fuori del loro habitat anche per loro le cose cambiano: non sempre la spavalderia che ostentano è vera, anzi spesso si trasforma in rabbia e fragilità una volta soli.

Come abbiamo potuto osservare i livelli di autostima non sono sempre gli stessi, perciò un bullo può mostrare un'autostima alta nel sistema di relazioni del gruppo, mentre a livello scolastico o familiare l'autostima può essere bassa. Abbiamo appena tratteggiato l'esempio del classico bulletto che sottomette i compagni ma a scuola ha un rendimento pessimo. Indipendentemente dal genere di appartenenza, una bassa stima di sé influisce sulla percezione della propria autostima.

Chi subisce atti di bullismo può sviluppare autostima estremamente precaria, e questo può avere delle ripercussioni durante il proprio sviluppo. Se volessimo valutare l'impatto degli atti di bullismo sull'autostima dovremmo considerare il suo impatto nei diversi ambiti, da quello familiare, a quello scolastico, sociale, emotivo e così via.

Il fenomeno del bullismo è continuo oggetto di studio, così come l'impatto che può avere sull'autostima. L'obiettivo non è solo quello di limitare un fenomeno di disagio sociale, ma è anche quello di capire se ci sono dei fattori scatenanti e che ne agevolano la sopravvivenza in un gruppo. La violenza che si porta dietro la vittima, in molti casi la segna per tutta la vita: il bullismo è in grado di minare le certezze di una persona per il semplice fatto che la violenza psicologica logora, scava delle voragini dentro di noi.

Autostima e Amore

C redo che Osho sia riuscito in poche semplici parole a sintetizzare il significato dell'amore, ovvero quello che dovrebbe esserci tra le persone che si professano innamorate o che agiscono in nome dell'amore. Intorno all'amore si è scritto tanto, eppure nonostante il passare dei tempi dobbiamo ancora imparare non solo ad amare, ma prima di tutto ad amarci.

"Ama, ma non lasciare che il tuo amore diventi avidità. Ama, ma non lasciare che il tuo amore diventi attaccamento. Ama, ma non lasciare che il tuo amore diventi una forma di dipendenza, una schiavitù. Dopo di che, ama, ama tremendamente. Allora la paura cessa. E amando, sarai in grado di passare all'altra sponda senza difficoltà."
(Osho)

Gli esseri umani, al di là di alcune eccezioni, sentono il bisogno della vicinanza fisica ed emotiva ad un partner. In effetti la vita condivisa con qualcuno è molto più soddisfacente della solitudine, anche se bisogna riconoscere che il rapporto con gli altri rappresenta una degli aspetti dell'attività umana più difficile e ricca di sfide. Per l'uomo l'amore può essere una benedizione, oppure un ostacolo insormontabile; molti hanno la paura di non essere amati e questo crea una dipendenza emotiva, tale per cui basta una carezza per confondere un semplice gesto per amore.

Questa fame d'amore ha radici profonde e, come ormai abbiamo capito, dipende quasi sempre dall'infanzia che abbiamo vissuto, dal rapporto con i genitori e di conseguenza all'amore ricevuto. Quando si vive con la paura di non essere amati si rischia di creare una serie di previsioni auto avveranti, poiché se ho bisogno dell'altro per definire me stesso, vivrò sempre un rapporto di dipendenza in cui la mia autostima fluttuerà in base a quello che l'altro pensa o fa.

Se, diversamente, nutro un profondo senso di efficacia verso me stesso e mi reputo degno d'amore, sarò più propenso ad amare gli altri. Non si può vivere di ansia, dobbiamo coltivare la fiducia in noi stessi e di conseguenza nelle persone. Se non sono in grado di rispettarmi, cosa potrò dare al prossimo? La risposta è semplice: potrò dare ben poco, perché dovrò indossare una maschera che non mi appartiene. L'amore per molti individui è una cosa faticosa, non tutti sono capaci d'amare e non tutti sanno cosa signiflchi essere amati.

A questo punto sarà facile fare previsioni su come andranno le cose per noi: utilizzeremo lo stesso copione che si ripete, dato che, pur cambiando la persona con cui interagire, la storia finirà sempre allo stesso modo. Ci innamoreremo della persona sbagliata perché, con i nostri atteggiamenti disfunzionali, andremo alla ricerca delle stesse relazioni malsane.

Molti vivono una vera e propria ansia "da felicità", sono talmente ansiosi di rincorrere la felicità che in un modo o nell'altro finiscono per sabotarsi. Questo tipo di persone, ad esempio, credono che ogni azione del partner sia fatta per secondi fini o nasconda qualche brutto retroscena, non sono mai sereni mentalmente, né in coppia né con loro stessi. Se il marito porta a casa dei fiori, invece di apprezzare il regalo, alcune donne si focalizzano sui motivi di tale gesto, e innescano un turbinio di pensieri che provoca loro malessere. Questi soggetti non si vivono la coppia nella sua realtà, ma passano le giornate a ipotizzare teorie che poi finiscono per avverarsi proprio a causa di questo atteggiamento morboso.

Per amare in modo libero e senza compromessi dobbiamo imparare ad amarci e a pensare che siamo delle persone meritevoli: l'amore è condivisione, non è fusione né annullamento di sé stessi per l'altro. Questi rapporti malati sono chiamati "relazioni tossiche".

È anche vero che l'amore non è mai facile, perché vivere con un'altra persona necessita di comprensione, pazienza, rispetto e dialogo per far si instauri un legame sano ed equilibrato. Una relazione tossica, invece, che ci conduce in un loop buio fatto di tutto ciò che non ha niente a che fare con un sentimento di gioia e amore.

Un amore tossico ci fa sentire perennemente in colpa, non lascia spazio alla nostra individualità e ci lascia la sensazione di essere costantemente osservati, come se fossimo costantemente sotto giudizio: in un rapporto del genere non esiste la fiducia e nemmeno la comprensione, ma esclusivamente la sottomissione e il disprezzo.

Date queste premesse, sembra impossibile innamorarsi di un mostro o di un aguzzino, eppure è esattamente ciò che accade. Anzi, è un fenomeno molto frequente in cui la vittima, il più delle volte, non si rende conto di star cedendo alle lusinghe di una persona che le rovinerà la vita.

Viviamo una relazione tossica quando i comportamenti del partner verso di noi sono nocivi, il rapporto è critico, non ci sentiamo al sicuro né tantomeno amati, poiché ci viene riversato addosso un senso di colpa che ci fa cadere vittime dell'idea che se le cose non funzionano dipende dai nostri errori, mentre il vero focus del problema non siamo noi.

In un rapporto del genere la nostra autostima è costantemente minacciata dall'altro, che ci tratta come nullità. Al contrario, un rapporto sano contribuisce ad accrescere la valutazione che abbiamo di noi stessi attraverso sentimenti quali il rispetto, l'indulgenza, la condivisione, il dialogo e la voglia di rendere l'altro felice e non succube delle nostre volontà.

Una relazione sana può essere paragonata ad una casa dove ci sentiamo al sicuro e dove possiamo essere noi stessi. Una relazione tossica rappresenta un luogo dove impera la paura dell'altro, dove ci si sente di poco valore, schiacciati da una volontà egocentrica e meschina. Com'è possibile tutto questo? Bisogna considerare che in una relazione si è in due, e nelle relazioni tossiche una parte di responsabilità ce l'ha anche la vittima che accetta questo gioco, il più delle volte perché crede di meritarselo. Succede ad ogni coppia di avere degli alti e bassi, ma la differenza sta nel fatto che, in una relazione tossica, questi momenti rappresentano la norma. Il partner presenta ogni giorno questi atteggiamenti manipolatori all'interno delle mura domestiche, mentre fuori si comporta come una persona tranquilla e a modo, proprio perché manifesta questa dualità nei comportamenti: con amici o colleghi si dimostra una persona splendida, dentro casa si trasforma in un carnefice nei confronti di una vittima che gli permette di esserlo. Non viviamo una storia d'amore se il partner usa un qualsiasi tipo di violenza: in questi casi, bisogna avere il coraggio di chiedere aiuto perché non stiamo semplicemente attraversando un momento difficile, ma è la relazione che non funziona e non funzionerà mai.

Non stiamo parlando di semplici litigi, in cui entrambi i coniugi vogliono avere la meglio: chi manipola ha una chiara intenzione e una strategia definita, il manipolatore ha bisogno di tenere la situazione sotto controllo e i mezzi che utilizza sono sottili.

Ho parlato dell'amore di coppia, ma queste dinamiche si possono presentare in famiglia, nel rapporto con il proprio figlio, oppure anche nei confronti di un amico: sono tecniche subdole che mascherano bene fin da subito il preciso intento di chi le utilizza. Vediamo meglio nel dettaglio quali sono gli atteggiamenti tossici che possono essere messi in atto:

Non vali niente, non sei capace

Queste parole indicano la critica verso un'altra persona, hanno in sé una forza distruttiva, poiché si etichetta e si definisce l'altro come un inetto. Se proviamo a farci valere, il partner la butterà sul ridere, quasi a sminuire il peso delle parole usate, mentre noi sappiamo che le intenzioni erano diverse. L'atteggiamento del carnefice dentro casa è diverso da quello che tiene fuori, anche in presenza della vittima. Se si tollera questo comportamento, l'abitudine all'umiliazione ci porterà veramente a pensare che siamo incapaci e che non valiamo niente. Il carnefice arriverà al punto di convincerci che siamo fortunati a stare con lui, perché senza di lui non sapremmo gestire nulla. Una bassa autostima ci rende facilmente manipolabili da un partner tossico.

Umore altalenante

Chi subisce questa violenza emotiva tende a rinunciare sia alle discussioni che ad eventuali confronti, perché il partner tossico ha un umore imprevedibile, per cui si ritiene inutile persino parlare di quello che è accaduto. Anche durante la quotidianità si vive con una continua sensazione di timore, perché basta una parola fraintesa per innescare la violenza. Chi reagisce in una maniera violenta scarica la colpa sull'altro, con frasi tipo: "non sono io che mi arrabbio, è il tuo comportamento che mi fa arrabbiare", giocando col senso di colpa della vittima. Quando si ha una relazione tossica verremo sempre colpevolizzati per qualcosa che non avremmo dovuto fare: per esempio, se una donna frequenta un'amica, il marito le dirà che la persona in questione non gli piace, premurandosi di far sentire la propria partner sbagliata, irritante e colpevole, mostrando infine il suo risentimento e la sua profonda delusione. Col tempo la vittima aumenterà la dipendenza verso il proprio carnefice, finirà col seguire pedissequamente le sue regole, trascurando il proprio benessere. Ovviamente non dobbiamo confondere il senso di colpa con una sana critica: la differenza è davvero enorme, perché il senso di colpa distrugge, mentre la critica può essere costruttiva.

Il focus dell'attenzione è decentrato

Se la vittima si dichiara ferita dai comportamenti del partner, il manipolatore sposterà abilmente il focus della conversazione su sé stesso, cercando di trasformare la situazione a suo favore, facendo passare la vittima dalla ragione al torto: anche in questo caso verrà nutrito il senso di colpa, la vittima si sentirà egoista pur non avendo fatto nulla di male. La violenza psicologica agisce con dinamiche subdole e non facilmente riconoscibili, e i danni che riesce a fare sono immensi perché l'effetto è quotidiano e reiterato: si potrebbe arrivare al punto di credere che questa sia la sola realtà in cui è possibile vivere.

La passività crea dipendenza

Il partner manipolatore fingerà di lasciar libera scelta alla vittima, quando in realtà la decisione finale sarà sempre sua. Se farete una scelta sbagliata, lui vi punirà tenendovi il broncio oppure continuerà a farvi pesare l'errore commesso. Questa è una forma di aggressività che si manifesta in modo passivo, che fa provare alla vittima sentimenti come ansia, preoccupazione e un senso di stanchezza ogni qualvolta debba assumersi la responsabilità di una decisione.

Falsa indipendenza

Chi promuove l'amore tossico lo fa sulla scia di promesse di falsa indipendenza, infatti i carnefici sono i primi a dichiarare che non rinunceranno alla loro libertà. Di fatto non prendono seriamente gli impegni stabiliti con il partner. Si mostrano continuamente inaffidabili, ogni volta che si dipende da loro non si sa mai come possono andare le cose. Quando si chiede conferma dei loro sentimenti, le loro risposte saranno sempre sfuggenti, anche se in altri momenti vi spingeranno ad impegnarvi per il vostro amore. Questo tipo di relazione innesca una forte sensazione di ansia che va a compromettere la salute emotiva e anche quella fisica.

Non si è mai abbastanza

Un classico di queste relazioni: qualsiasi cosa si faccia alla fine non si è mai fatto abbastanza, più il tempo passa e più le richieste tenderanno ad aumentare. Il solo fatto di accontentare una persona in ogni suo desiderio, ci porta ad accumulare non solo stanchezza ma anche insoddisfazione. Un partner del genere non prova amore per noi, ma agisce solo per spietata convenienza, poiché ci userà fino a quando non pronunceremo la parola "fine", dopodiché il carnefice cercherà una nuova vittima che riesca a soddisfare i suoi desideri.

Possessività eccessiva

Una sana e contenuta gelosia può far bene alla coppia, ma tutto dipende dalla misura con cui si manifesta: se diviene eccessiva, danneggia sicuramente gli equilibri. Il problema risiede nel fatto che le vittime, all'inizio, confondono la estrema volontà di controllo con un forte interesse o con la fase iniziale dell'innamoramento. La gelosia tenderà a diventare sempre più controllante e qualsiasi sforzo per rassicurare il partner sarà totalmente inutile: se non ci renderemo conto in fretta della situazione in atto, questi comportamenti malati ci spingeranno verso un isolamento sociale.

In una relazione tossica possono presentarsi anche solo alcuni degli aspetti presentati, ma questo non ci deve indurre a pensare che la nostra relazione possa andare bene: l'amore malato fa male e non promuove in nessun modo lo sviluppo dell'autostima, in nessun caso. Anche in una relazione normale si possono verificare alcuni comportamenti che spingono l'altro verso un senso di colpa, comunicare con un'altra persona non è mai facile ma dobbiamo anche tenere conto della frequenza di certe situazioni: se questi atteggiamenti diventano eccessivi e ci fanno stare male dobbiamo assolutamente rivalutare il nostro rapporto di coppia.

I manipolatori riescono a soggiogare chi nutre una scarsa stima di sé, infatti tutte le persone con un livello di autostima basso sono convinte di meritarsi i propri carnefici, pensano che questo sia il massimo che possono ottenere dalla loro vita. Ancora una volta siamo di fronte a quella scarsa consapevolezza di sé stessi che ostacola una sana crescita personale.

Per tutti questi motivi, credo fermamente che la prima persona che dobbiamo amare siamo noi stessi, non intendendo con ciò alcuna forma d'amore egoistica. Solo amando e accettando pienamente il nostro essere ci potremo donare all'altro in una maniera consapevole. Chi si fa manipolare non riesce ad amarsi e vive intrappolato in un loop temporale diverso dal presente, poiché si punisce per mancanze ed errori che nemmeno ha commesso, spesso a causa di un'infanzia inadeguata che può essere la radice da cui scaturiscono i peggiori inferni.

Autostima e Social Network

O ggi sono veramente poche le persone che non hanno un account su qualche social network. Ci si iscrive per seguire una corrente di tendenza e poi si seguono le logiche del social, postiamo scatti privati e idee. Probabilmente non ce ne rendiamo conto, ma esiste una correlazione tra autostima e social network, in quanto proprio questi ultimi riescono ad influenzare i nostri pensieri fino ad arrivare al nostro Sé.

Siamo ormai abituati a condividere molto di noi sui social, e chi interagisce con i nostri post ci lascia un "like": dipendiamo da quel "mi piace" perché dentro quell'interazione si nasconde l'approvazione sociale. L'impatto sull'autostima va oltre i "like" e in alcuni casi diviene una vera e propria dipendenza.

Questa necessità di condividere e di mostrare tante cose della nostra vita ci può rendere molto più fragili di quello che pensiamo. A livello inconscio cerchiamo l'approvazione di persone che conosciamo appena

Inoltre, tutti gli algoritmi che lavorano dietro allo schermo ci spiano e riconoscono le nostre preferenze, cercando in maniera più o meno esplicita di venderci prodotti o servizi, esattamente con lo stesso obiettivo degli influencer che magari seguiamo. Passando molte ore davanti allo schermo del telefonino siamo costantemente bombardati da questi messaggi, e rischiamo di perdere un po' di consapevolezza della nostra vita.

Spesso i personaggi famosi sui social assurgono al ruolo di modelli da seguire, e non ci rendiamo conto che il desiderio di essere qualcun altro fa nascere dentro di noi un conflitto interiore. Questo malessere indefinito può sfociare in una diminuzione dell'accettazione di sé, o può addirittura portare a gravi conseguenze psicologiche tipo disturbi alimentari come l'anoressia o la bulimia, causate dal desiderio di voler a tutti i costi assomigliare ai modelli di riferimento imposti.

L' impatto sull'autostima dipende anche dal tempo di esposizione: spesso nelle nostre interazioni virtuali con certi modelli, ci dimentichiamo che dietro agli schermi ci sono delle persone, degli esseri umani imperfetti e con problematiche che non conosciamo, e le stesse immagini proposte sui social spesso non sono foto reali, dato che molte sono costruite ad arte per veicolare un certo messaggio.

Le persone più esposte sono quelle che soffrono di bassa autostima, sono quelle più vulnerabili e soggette a variazioni dell'umore: un individuo con una buona stima di sé non viene intaccato da un "like" e nemmeno da una foto, poiché le basi del suo Sé sono più forti di qualsiasi giudizio.

Bisognerebbe optare per una disintossicazione da social network a favore di altre scelte, come leggere un libro o dedicarsi ad altri hobby, attività che ci vedono impegnati in modo attivo, a differenza dei social che ci fanno diventare solo degli spettatori inermi.

Quello dei social è un fenomeno che sta sempre più preoccupando gli psicologi per il fatto che creano dipendenza soprattutto nei più giovani: è ormai normale vedere gli occhi degli adolescenti incollati su uno schermo appena escono di casa, nessuno di loro si accorge più di nulla, nessuno osserva più le sfumature del cielo, mentre è difficile che si scordino di un aggiornamento di stato su Facebook La tecnologia è un progresso sociale, ma sta sempre a noi comprenderne l'uso corretto: quando non si rispetta l'equilibrio non ci si fa mai del bene, anzi si mina al benessere del nostro Io. Chi ha una buona stima di sé è più protetto nei confronti di queste influenze, ma come sappiamo l'autostima è un fattore variabile e nessuno è veramente al sicuro, nemmeno i più forti, che però, grazie anche ad una maggiore consapevolezza, ne fanno un uso totalmente diverso.

È utile capire che ci sono diversi tempi, ambienti e situazioni che ci portano a stare bene con noi stessi, e questi non prevedono uno schermo. Ogni volta che guardiamo la nostra bacheca su un social dobbiamo mettere il filtro del realismo, in modo da comprendere che non tutto quello che si vede è reale, e nemmeno tutto quello che ci viene proposto ci farà stare bene.

Autostima nella Terapia e Distorsioni Cognitive

Molte delle sofferenze psicologiche che viviamo possono essere ricondotte ad una scarsa autostima: la timidezza o la riservatezza possono derivare da un'autostima poco sviluppata, e anche gli atteggiamenti sabotatori possono derivare da una scarsa stima di sé.

Se non stiamo bene con noi stessi, ci risulta difficile stare bene con gli altri. Inizialmente l'approccio psicoterapeutico non teneva in grande considerazione il problema dell'autostima, dato che si riteneva che, alla risoluzione dei propri conflitti, il paziente avrebbe ricuperato la propria autostima: si negava perciò il bisogno di lavorare sull'autostima come prima tappa del lavoro cognitivo.

Le nostre azioni e le nostre scelte influenzano continuamente l'esperienza che facciamo di noi stessi. La psicoterapia si pone essenzialmente due obiettivi: la risoluzione del conflitto e la promozione del benessere nella persona. Se voglio aumentare la mia autostima non basta eliminare ciò che è negativo nella mia vita, devo invece realizzare qualcosa di positivo per stimolarla.

È possibile iniziare nuove attività, iniziare un corso su un argomento stimolante, cominciare ad affrontare la vita e le situazioni con una maggiore consapevolezza fino ad arrivare a poter prendere di petto tutto quello che prima era fonte di insicurezza. Se una persona entra in terapia ma non riesce a sviluppare una certa consapevolezza, una volta finito il percorso le probabilità che tutto ritorni come prima sono molto alte.

La terapia cognitiva in questo senso non si ferma all'incontro in studio, ma prosegue con dei compiti che il paziente deve fare a casa, e questa parte del lavoro è assolutamente fondamentale. Alcuni strumenti utili ad incentivare una sana affermazione di sé possono essere le frasi da

Olivia Beck

completare, i giochi di ruolo e altri esercizi che vanno a disinnescare la radice dei propri timori.

La forza della terapia risiede nell'assenza di critiche, uno psicoterapeuta ascolta e aiuta il suo paziente senza alcun giudizio, come invece avviene solitamente quando parliamo con un amico che ci dice la sua, aggiungendo anche il proprio consiglio su come gestire le nostre difficoltà.

La psicoterapia è temuta da chi ha paura di scoprire cosa si nasconde dentro di Sé: lo stesso Freud, considerato il padre della psicanalisi, affermava che mentre un investigatore conosce il crimine e deve scoprire l'identità ci colui che l'ha commesso, lo psicanalista invece conosce il criminale ma non il suo crimine. La terapia serve a scoprire quali crimini ci attribuiamo e, con l'approccio giusto, iniziare a risolverli in un'ottica di potenziamento del proprio Sé. D'altronde, sarebbe un grave errore concentrarsi sull'eliminazione del problema senza puntare allo sviluppo di una nuova consapevolezza, che aiuti il paziente a vivere in una maniera equilibrata e centrata.

L'essere umano è chiamato costantemente a risolvere dei problemi, la differenza sta nel fatto che le modalità impiagate siano funzionale al nostro essere oppure no. I dolori che si sono sedimentati a causa del passato rappresentano una barriera nella costruzione dell'autostima: lavorare su questo permette dare nuova luce ad una corretta valutazione di sé. Lo scopo è quello di eliminare i fattori negativi per riuscire a costruirne di positivi, e questo non è un lavoro semplice ma è un lavoro possibile che necessita di impegno e volontà.

La mente umana potrebbe scegliere tante strade da percorrere, ma tende a non lasciare mai quella vecchia per quella nuova. Tutto questo ha a che fare con le abitudini di ognuno, che sembrano difficili da cambiare.

Le abitudini si basano su pregiudizi limitanti, la familiarità ci impedisce di uscire dalla nostra "confort zone", e quindi rimanendo entro questi confini la crescita emotiva risulta un po'castrata. Scegliere di rimanere in una zona sicura non ci permette di sfruttare le possibili alternative e di promuovere il potenziale che ognuno di noi ha. Se viviamo con questi limiti prima o poi ci ritroveremo con tanti dubbi e perplessità. Il modo in cui prendiamo le decisioni può dire molto su di noi, se valutiamo e soppesiamo ogni minima scelta possiamo diventare vittime di distorsioni cognitive, dovute proprio al pregiudizio che inibisce il nostro pensiero

Questi processi conducono sempre a valutazioni sbagliate che ostacolano il vero sviluppo del nostro potenziale. Ogni volta che siamo in grado di uscire dalla zona di confort, riusciamo a valutare nuove opportunità: è importante, a questo punto, conoscere questi pregiudizi cognitivi limitanti.

1. Cercare l'approvazione negli altri: in questo caso si cerca l'approvazione altrui a supporto delle nostre idee. Le persone che frequentiamo sono molto simili a noi, poiché ricerchiamo costantemente prese di posizione simili alle nostre. Non ci interessa allargare gli orizzonti ma vogliamo che gli altri condividano la nostra stessa visione.

2. Seguire la massa: quante volte seguiamo la massa piuttosto che perseguire una nostra idea o convinzione. Sottostanno a questa logica molte

tecniche pubblicitarie persuasive che, tra l'altro, ci comunicano che altre X persone stanno valutando lo stesso messaggio. Questa "urgenza" crea in noi un bisogno che prima non avevamo.

3. È più attraente la negatività: se osserviamo bene, le notizie positive in tv o sui giornali sono davvero poche, poiché la positività non fa notizia; eppure, dovremmo vivere in un'ottica positiva per stare bene. Questo flusso di notizie attraversa anche la nostra mente e sta anche a noi scegliere a quali dare rilievo. Noi siamo quello che pensiamo e quindi dobbiamo prestare attenzione alla qualità dei nostri pensieri.

4. L'abitudine è nociva: se facciamo sempre le stesse cose la nostra mente rimane ingabbiata nei percorsi dettati dalle azioni ripetute. Non cambiare mai la prospettiva rende lo sguardo stanco, viene a mancare la spinta innovativa in quanto si conosce già il percorso interiore da compiere.

5. Le cose cambiano: non è detto che il nostro interlocutore la pensi sempre come noi o stia dalla nostra parte, ci si evolve continuamente e anche noi

dovremmo partire dal presupposto che niente può rimanere costantemente immutato.

6. L'influenza del passato: chi è afflitto da questa distorsione si convince che tutte le decisioni che ha preso in passato siano giuste. Questa rielaborazione dei ricordi ci fa sentire meglio, ma in realtà stiamo solo prendendo in giro la nostra mente. L' inganno non ci consente di assumere un atteggiamento costruttivo. Solo un atteggiamento obiettivo ci può permettere di sviluppare tutto il potenziale che abbiamo dentro di noi. Potremmo dover scegliere una direzione diversa, ma poco importa se lo faremo in un'ottica di crescita interiore. Non bisogna avere paura del nuovo: se non ci sentiamo a nostro agio con la nostra vita, il cambiamento diventa un imperativo.

7. L'ancoraggio: ci si aggrappa a persone e a situazioni diverse, soprattutto ci si sofferma solo su alcuni aspetti. L'ancoraggio si manifesta quando crediamo alle lusinghe pubblicitarie e acquistiamo un prodotto solo per un fattore di prezzo escludendo tutto il resto. Oppure quando ci concentriamo sui difetti altrui commettendo

l'errore di non prendere in considerazione la persona per la propria complessità. In questo caso la visione della realtà risulta forzata, e di conseguenza prenderemo delle pessime decisioni.

8. Le decisioni familiari: quante scelte facciamo nella vita, solo perché ci risuonano familiari! Questo imprinting solitamente viene dall'infanzia, e quando siamo adulti cerchiamo di riproporre quelle scelte con cui siano cresciuti perché ci trasmettono sicurezza. Se agiamo in questo modo risulterà difficile per noi valutare altre possibili alternative, poiché il nostro sguardo sarà limitato da una distorsione cognitiva.

Autostima e Ambiente Lavorativo

Il grado dell'autostima dipende dalla fiducia che nutriamo nei confronti di noi stessi e della nostra mente, dalla stima nelle nostre capacità di valutazione, pensiero, apprendimento. Se il rapporto con il nostro Sé è sano, la capacità di prendere decisioni è libera da condizionamenti come, ad esempio, la paura: provate ad immaginare un manager che non riesce a gestire i suoi timori! Il suo lavoro sarà compromesso, si sentirà inadeguato, gestirà male la sua posizione e potrà soffrire di sensi di colpa a causa delle decisioni che prenderà.

Siamo continuamente chiamati a fare delle scelte, quando la richiesta diviene onerosa è fondamentale essere supportati da una buona dose di autostima, e questo capita per ogni tipo di cambiamento. In questi ultimi decenni siamo passati da una società industriale ad una società dell'informazione, con una diminuzione della richiesta di lavoro manuale a favore di un lavoro che necessitasse di nuove competenze logiche e sociali e decisionali.

Il progresso tecnologico ha portato un'ondata evolutiva nei più disparati settori lavorativi, e di conseguenza i profili professionali ricercati necessitano di skills basate sulle abilità mentali piuttosto che fisiche. Con l'evoluzione tecnologica, è cambiata anche la figura del capo: una volta il capo possedeva tutte le competenze necessarie e si avvaleva di uomini che lo aiutassero a svolgere il lavoro. Oggi il capo si avvale di figure professionali competenti che, grazie alle loro specifiche competenze, portano un contributo significativo al lavoro: questo è un cambiamento epocale, poiché grazie all'introduzione delle macchine servono meno persone per la livello di manodopera, ma sono necessari profili maggiormente competenti. Per questo motivo l'istruzione è importante e non si ferma alle nozioni scolastiche ma implica una formazione costante, dato che il sapere è in continuo movimento e non si può rimanere immobili di fronte al progresso.

Un'azienda ha bisogno di rinnovarsi costantemente se vuole rimanere competitiva, e per fare questo ha bisogno di menti al passo con l'innovazione.

Per abitudine. o per sentirsi più sicuro, l'uomo tende a rimanere legato a quello che ritiene familiare e conosciuto, ma questa mentalità costa cara a livello professionale, potrebbe limitare i nostri risultati e di conseguenza potrebbe influire su dignità, autostima e successivamente sulla sfera privata della persona.

La mente umana è da sempre lo strumento che ci permette di sopravvivere e di evolverci, sebbene per diverso tempo non si sia capito fino in fondo questo concetto: forse questo capitava perché un tempo il sapere era in mano a pochi. Oggi il sapere e la conoscenza sono alla portata di tutti, e la nostra mente ha tutte le possibilità di accrescere, evolvere e svilupparsi, acquisendo le più svariate competenze.

Le sfide professionali che ci aspettano oggigiorno ci richiedono un sapere unitario e capacità differenti: in un'azienda sono proprio le diverse competenze che ci distinguono fra colleghi e che, di conseguenza, apportano valore al nostro lavoro. Durante i nostri compiti, lavoriamo e interagiamo con altre persone: questo comporta strategie comunicative, sia a livello scritto che orale, che ci portino ad ottenere un consenso e, se necessario, a guidare il gruppo. Nulla nella vita rimane immutato e il cambiamento va gestito, bisogna pensare in un'ottica sempre improntata al nuovo.

Tutti queste osservazioni sono importanti perché sottolineano la necessità della consapevolezza in ognuno di noi: vivere consapevolmente ci porta ad essere più reattivi, in grado di cogliere le sfide soprattutto in campo lavorativo. Se abbiamo un sapere vasto ma non riusciamo a vivere in questi termini, significa che in fondo non crediamo nelle nostre capacità; e se non ci crediamo noi, come potrebbero crederci gli altri?

Sappiamo che primo contatto lavorativo che abbiamo con l'azienda avviene con il colloquio: se ci mostriamo insicuri o remissivi, perderemo un'occasione lavorativa e magari lasceremo il nostro posto ad una persona meno preparata, che in pochi minuti ha giocato bene le sue carte. Per le sfide di oggi ci vuole una preparazione a 360° che comprenda non solo la cultura, ma anche la sicurezza in noi stessi.

La scarsa autostima si manifesta a livello comunicativo con l'utilizzo di queste espressioni: "credo", "forse", "mi sa che", ovvero tutte quelle frasi che utilizziamo per manifestare un'opinione incerta. Quando comunichiamo in ambito lavorativo, dobbiamo avere la certezza di quello che affermiamo, mentre se ci mostriamo dubbiosi mostriamo un desiderio di rassicurazione negli altri, e saremo inclini a modificare il nostro pensiero modellandolo su quello dei colleghi.

Non sempre una persona che comunica in maniera errata ha ricevuto un'educazione sbagliata: talvolta all'origine di certe parole o certi gesti sta un disagio che può dipendere da una bassa valutazione del proprio Sé. Chi vive consapevolmente non ha alcuna paura del cambiamento, ed è la disponibile ad apprendere nuove conoscenze.

Chi nutre una buona autostima non ha bisogno di mettere in cattiva luce il prossimo, non vive nel dubbio, anzi si dimostra sicuro, mostra un alto senso di responsabilità, non teme alcun confronto, si prepara, studia, ha fiducia negli altri e crede nelle proprie idee e capacità. Certo, l'autostima non è tutto, ma ci rende la vita meno faticosa, ci permette di avere maggiori possibilità e di vivere una vita con soddisfazioni personali, sociali e professionali.

Le aziende di successo sono quelle che sanno cavalcare l'innovazione ed è logico pensare che per la loro crescita investiranno su personale dotato di autostima, oltre alle competenze necessarie. Quindi l'autostima non è da considerarsi come un accessorio, ma come una parte essenziale di noi, è un po' come il nostro biglietto da visita: ecco perché è importante continuare a svilupparla nel corso di tutta la nostra vita. Non è un'abilità acquisita una volta per tutte, ma va sempre coltivata, stimolata e protetta visto che è collegata anche al nostro stato emotivo. Solo se impariamo a credere in noi riusciremo a mantenerla a livelli adeguati e funzionali.

Le aziende seguono il progresso e richiedono sempre più profili professionali con adeguate skills. Al crescere delle abilità o delle competenze richieste, si constata un aumento degli stipendi, ma se aumentano le competenze necessarie e siamo in grado di ottenerle, aumenterà anche il senso di efficacia personale, ed ecco che si metterà in moto il circolo dell'autostima, base necessaria per alimentare tutto il processo.

Va anche detto che non tutte le aziende sono uguali, ci vuole anche un ambiente idoneo per lo sviluppo delle proprie capacità: potrebbero esserci aziende in cui un dipendente non si sente al sicuro, o magari teme di perdere del lavoro, non si sente apprezzato, non riceve dei feedback positivi. Potrebbero anche esistere aziende con una mentalità chiusa, improntata ad un clima in cui è impensabile un progresso aziendale e dove anche l'autostima non riceve alcun incentivo per il suo naturale sviluppo.

In una azienda, sono il capo e i vertici ad avere potere decisionale: se i Responsabili non hanno una mentalità orientata allo sviluppo e alla promozione del senso di efficacia dei propri dipendenti, il progresso sociale del singolo individuo verrà ostacolato dall'eccesso di rigidità. I leader più validi sono quelli che sono di ispirazione per i dipendenti e che hanno un forte senso del proprio valore, inoltre promuovono lo sviluppo delle capacità individuali a vantaggio del bene comune. Un'impresa che punta sulle persone promuovendo il loro sviluppo sarà un'azienda di successo, innovativa, con una grande capacità di resistere nel tempo e di differenziarsi dalle altre. Il luogo di lavoro è fatto di persone prima che di muri e scartoffie, se non ci si sente parte integrante del gruppo, se non ci si sente accolti e spronati, si rischia di ignorare che il benessere del singolo produce un benessere maggiore dal punto di vista economico: quando si sta bene si lavora meglio e si è più efficaci sia in ufficio che nella propria vita.

Autostima e Immagine Corporea

La percezione che abbiamo del nostro corpo viene costantemente influenzata dai messaggi veicolati dai media e dal mondo della moda, che danno un estremo valore all'estetica. Tutto ciò ci influenza e ci impone un modello estetico da seguire. L'immagine corporea è la percezione di noi stessi unita alla valutazione che abbiamo del nostro corpo. Se la nostra immagine riflessa ci piace, ne scaturiranno emozioni positive che andranno a rafforzare l'autostima; viceversa, nel caso in cui non riuscissimo ad apprezzare la nostra fisicità, si potrebbero creare in noi alcune fratture che ci renderebbero insicuri e che potrebbero portare allo sviluppo di problematiche psicologiche importanti.

L'immagine che abbiamo di noi stessi ha anche un risvolto sociale, poiché se non ci accettiamo tenderemo a sviluppare tutta una serie di comportamenti remissivi e di chiusura verso il mondo. Gli altri percepiranno il nostro disagio, perché lo comunicheremo attraverso i nostri atteggiamenti. Se questa situazione perdurasse nel tempo, la nostra autostima potrebbe precipitare verso un baratro oscuro.

Quando parliamo di valutazioni estetiche siamo sempre un po' confusi, perché nonostante il desiderio di nutrire la nostra particolarità, siamo anche convinti che uniformarsi a un modello sia giusto e necessario per essere accettati.

Questa tendenza sociale ha portato molte adolescenti a chiedere ai genitori interventi di chirurgia estetica per sentirsi maggiormente sicure all'interno del gruppo. Senza voler demonizzare il settore della medicina estetica, è necessario soffermarsi su una riflessione che ritengo fondamentale: se l'intervento viene eseguito con lo scopo di farsi accettare dagli altri, si commette un errore enorme, perché il primo passo da compiere dev'essere sempre quello dell'accettazione di sé, pregi e difetti inclusi.

L'immagine che abbiamo del nostro corpo dipende da diversi aspetti. In primis, troviamo una componente percettiva che corrisponde a come realmente ci vediamo fisicamente (mi riferisco al peso o ad altre caratteristiche corporee). In secondo luogo, esiste la componente attitudinale che riguarda il modo in cui il nostro pensiero valuta il proprio corpo. Esiste poi la componente affettiva, inerente ai sentimenti che si provano verso sé stessi. Infine, c'è la componente comportamentale, che riguarda come ci alimentiamo e cosa facciamo per far mantenere il nostro benessere.

Per questo motivo, quando si parla di immagine corporea bisogna includere nell'analisi questi molteplici fattori che concorrono a definirla. Le definizioni sono quasi sempre una costruzione della realtà, e così è anche la nostra immagine. In questo processo di delineazione di sé stessi concorrono, oltre ai fattori appena illustrati, anche gli aspetti socioculturali.

Le esperienze vissute, infatti, hanno una notevole influenza: se un bambino che viene criticato o bullizzato per il proprio aspetto fisico, sarà più incline a sviluppare una distorsione della percezione del proprio corpo. Se prendiamo due individui e li facciamo crescere in due ambienti diametralmente opposti, noteremo come in realtà il loro vissuto influenzi notevolmente la percezione corporea personale.

Durante la crescita facciamo diverse esperienze che ci obbligano ad un continuo confronto con la nostra corporeità, partendo dall'ambiente familiare, al gruppo di lavoro o alla cerchia di amicizie e così via. Se abbiamo capito che molto dipende dal nostro vissuto, resta da chiedersi cosa contribuisca in realtà a creare un'immagine corporea distorta.

Alcuni difetti fisici possono esserci, oppure possono essere il frutto di una distorsione della mente: è il caso della donna che si vede grassa per qualche chilo in più; troppo perfezionismo può condurre ad una condizione depressiva, poiché la continua ricerca della perfezione ci porta all'attitudine malsana e disfunzionale di vivere cercando di avere sempre tutto sotto controllo.

Gli stereotipi di bellezza dettati del mondo della moda influiscono sulla nostra percezione corporea, e possono indurre una scarsa autostima in molte donne, ma anche in molti uomini. Viviamo in un'epoca dove un'influencer senza cultura ne' abilità particolari detta le regole dello stile di vita o dei canoni di bellezza, riuscendo ad attirare i soggetti con scarsa autostima e fragilità personale, che vivono nella totale emulazione, annullando la propria individualità oltre alla propria capacità critica. Ricordiamoci sempre che la moda dev'essere vista in un'ottica di interpretazione, e non di trasformazione di noi stessi.

Il corpo non è tutto, eppure molte persone sono focalizzate unicamente sul proprio aspetto fisico. La vita si basa sempre sull'equilibrio delle varie componenti che ci determinano, se ci focalizziamo solo su un aspetto verrà sempre a mancare qualcosa al nostro benessere.

Non è assolutamente vero che per raggiungere la felicità bisogna essere come ci suggeriscono le pubblicità: la felicità è un percorso che ci porta a stare bene con noi stessi e non dipende dall'esteriorità, ma da ciò che alberga dentro di noi. La valutazione della nostra persona dev'essere basata sulla totalità di ciò che siamo e rappresentiamo, dobbiamo affermare e difendere la nostra unicità di esseri umani. Gli altri non ci ameranno davvero se prima non impariamo ad amare noi stessi. Nessuno ci obbliga a uniformarci all'immagine costruita dai mass- media: la libertà si compie quando adottiamo il libero arbitrio, a cui non dobbiamo mai rinunciare per nessun motivo.

Alcuni disagi corporei possono derivare anche da malattie o incidenti: in questo caso è necessario un cammino di accettazione e di continuo lavoro su sé stessi, poiché non possiamo rimanere aggrappati a ciò che si era "prima", ma dobbiamo costruire su un "dopo". Altre volte il disagio deriva da un'immagine falsata di sé stessi, che genera una profonda insoddisfazione: è un disagio mentale che ci porta a cercare prodotti dimagranti, a fare diete eccessive, e questa è la spia della presenza latente di seri problemi alimentari.

È possibile valorizzare il proprio corpo senza entrare in questi gap emotivi, sottolineando i nostri punti forti: ad esempio, possiamo avere qualche chilo in più ma magari i nostri occhi ci piacciono tanto e possiamo enfatizzarli. Se ci soffermiamo solo sulla negatività finiremo solo per vedere quell'aspetto che non ci piace! Il pensiero può avere degli effetti logoranti ed è per questo è importante riuscire a valorizzarsi nel modo corretto, nella consapevolezza che nessuno è perfetto e le persone non si scelgono in base ai canoni estetici. Quando ci innamoriamo, non ci piace una persona solo per il suo aspetto fisico ma anche per quello che ci trasmette, per il suo animo, per tutta una serie di qualità che non hanno a che fare con la fisicità. È tutto questo insieme di cose a rendere speciale una persona, e infatti anche quando scegliamo un amico, non guardiamo se è bello o brutto, alto o basso, ciononostante lo troviamo una persona eccezionale.

È fondamentale vivere con il proprio corpo in libertà, senza percepirlo come una gabbia colma di contraddizioni e di limiti: devi amarti di più, e puoi iniziare guardandoti allo specchio ogni giorno, sorridendo a te stesso come atto d'amore nei tuoi confronti.

Tecniche per Aumentare la Propria Autostima

In questo capitolo andremo ad analizzare alcune tecniche da utilizzare ogni giorno per riuscire ad aumentare la propria autostima.

Primo esercizio: amati e accettati

La percezione che abbiamo del nostro corpo ha una funzione rilevante nella determinazione dell'autostima. Anche se sappiamo che l'aspetto non è tutto, chi vive questo disagio pensa che solo arrivando al proprio obiettivo fisico potrà stare bene. Perdere peso, ad esempio, può essere un passo importante, ma sarà necessario lavorare anche sul rafforzamento dell'autostima, altrimenti le insicurezze non scompariranno nonostante la magrezza.

Le persone ad un primo impatto vengono valutate in base al loro aspetto, di conseguenza la valutazione ha un peso specifico sull'autostima. Se ci sentiamo bene con il corpo staremo bene a patto di lavorare sul potenziamento della fiducia in noi stessi.

Procurati un diario e inizia a scrivere tutto quello che ami di te. Successivamente, cerchia le parole che a tuo parere risaltano; su un altro foglio scrivi quello che non ami di te, e cerchia allo stesso modo le caratteristiche che secondo te ti ostacolano. Riflettere sui punti di forza e sulle debolezze è utile, poiché la parola scritta ha un potere differente rispetto a quella pensata.

Secondo esercizio: la tecnica dell'ancoraggio

Diversi studi condotti sul cervello hanno rilevato che c'è poca differenza tra un'esperienza vissuta e una immaginata con una forte intensità: infatti, grazie al potere immaginativo, nel nostro corpo si manifestano le stesse reazioni chimiche. Possiamo sfruttare questo fenomeno con la tecnica

Olivia Beck

dell'ancoraggio. L'esercizio consiste nel realizzare i seguenti passaggi:

Siediti comodo in una stanza dove non percepisci troppi disturbi;

Cerca di visualizzare un momento della tua vita dove ti sentivi energico e soddisfatto, al contempo cerca di rivivere le sensazioni positive che provavi. Puoi tenere gli occhi chiusi o aperti indifferentemente, il fattore rilevante è quello di riuscire a visualizzare la scena come se stessi vivendo un film.

Cerca di trattenere questa sensazione positiva che provi, e ferma l'istante con un gesto o un movimento a tua scelta. Ripeti questa operazione più volte, anche fino a dieci ripetizioni: è importante che tu ti prenda i tuoi tempi per l'esecuzione.

Ogni volta che vuoi richiamare alla memoria queste energie positive, sarà sufficiente rifare il gesto o il movimento che hai scelto.

La ripetizione è molto importante in questa tecnica: ti consiglio di fare questo esercizio ogni giorno fino a quando la sensazione piacevole non risulti ancorata al gesto.

Terzo esercizio: promuovi le tue competenze

L'autostima migliora ogni qualvolta andiamo ad accrescere le nostre competenze o abilità. Questo avviene perché mettiamo in circolo la fiducia in noi stessi, e non per un effetto esterno. Se ci iscriviamo ad un corso di pittura perché la nostra passione mai coltivata è dipingere, non solo andremo ad aumentare la nostra abilità, ma il risultato delle nuove competenze aumenterà l'autostima. Chi soffre di bassa autostima parte sempre da una posizione sfiduciata verso il nuovo, pensa di non essere capace e si pone dei limiti senza nemmeno provare. Come puoi agire per migliorare l'autostima?

Inizia a valorizzare le tue competenze, prova a pensare a cosa sei capace di fare e cosa puoi realizzare con ciò che sai;

Impara qualcosa di nuovo. Nella vita non si smette mai di imparare, non esistono limiti che ci impediscano di imparare, basta solo volerlo fare e impegnarsi per portare a termine il percorso intrapreso. Quando impariamo qualcosa stimoliamo la nostra autostima, perché ci sentiamo competenti in ciò che facciamo.

Cerca di essere consapevole delle tue scelte e delle tue azioni, chi vive distrattamente non vive fino in fondo, si limita a far passare gli anni.

Se vuoi modificare qualcosa nella tua vita, devi capire quali sono gli aspetti che devi rinforzare: se per una promozione ritieni utile imparare una nuova lingua, iscriviti ad un corso, e ricorda che nuove competenze ci rendono più propositivi e attivi nella vita. Nessuno è perfetto, e mi collego allo stesso discorso che ho fatto per l'immagine corporea: dobbiamo valorizzare i punti di forza e non focalizzarci unicamente su quello che ci manca.

Quarto esercizio: hai il diritto di essere felice

Chi soffre di bassa autostima si dimentica del diritto ad una propria felicità. Nella vita si fanno delle scelte che possono essere giuste o sbagliate e, anche se commettiamo degli errori, li dobbiamo vivere come parte integrante del percorso, senza ulteriori colpevolizzazioni. Non si può trovare la propria felicità se si pensa di vivere nell'errore. A questo proposito, ti consiglio di perseguire questi obiettivi:

Innanzi tutto, ricorda che chi ti ama vuole la tua felicità, desidera trasmetterti una positività che si rifletta in un benessere più grande;

Ogni volta che ti trovi davanti ad una scelta devi assumerti la responsabilità della tua decisione;

È inutile colpevolizzarsi, gli errori sono parte integrante dell'esperienza di ognuno di noi;

Se pensi di agire sempre in una maniera perfetta sei in errore, anche le macchine sbagliano, ricordati che la perfezione non esiste;

Tutti i limiti mentali che ti poni ti bloccano e finiscono per convincerti che "non sarai mai capace" o "non sarai mai all'altezza": se hai queste convinzioni, ricorda che non c'è mai nulla di definitivo, dipende dalla tua volontà, poiché ognuno di noi ha il un potere di creare ma anche di distruggere, e come uomini siamo i primi sabotatori di noi stessi.

Prova a fare questo esercizio, prendi carta e penna e scrivi tutto quello che a tuo avviso ti ha fatto perdere la fiducia in te stesso, i momenti in cui non ti sei sentito bene o in cui hai vissuto dei conflitti. Vicino ad ogni evento negativo, scrivi l'errore di giudizio nei tuoi confronti, come nell'esempio che segue:

"Maria mi ha detto che non mi merito nulla" diventa "Maria è solo una persona come tante altre, io ho il diritto di essere felice e mi applicherò ogni giorno per riuscirci".

Le parole hanno un grande potere. e a seconda di come le usiamo sprigionano la loro potenza. Possiamo applicare questa regola a tutti gli eventi negativi, alle opinioni limitanti o ai giudizi che riceviamo. È importante svolgere l'esercizio per iscritto e non limitarsi a pensarlo, poiché scrivere su carta queste emozioni ti permette di rafforzare la tua autostima.

Elimina dal tuo schema di pensiero la maggior parte delle negazioni: se pensi "non posso farcela" trasformalo in "io ho tutte le qualità per farcela". La stima che nutriamo nei confronti di noi stessi deve sempre partire da dentro, nessuno ci darà la fiducia necessaria se non siamo i primi a credere in noi stessi, e allo stesso modo se una persona ci manifesterà apprezzamento, le sue parole non avranno alcun effetto benefico su di noi, se non siamo consapevoli del nostro valore.

Quinto esercizio: un egoismo sano fa bene alla tua autostima

Un egoismo sano offre diversi vantaggi tra cui:

Un maggiore stimolo a raggiungere obiettivi che riteniamo importanti;

Relazioni più gratificanti, perché come prima cosa abbiamo stima di noi stessi e non intraprendiamo rapporti con gli altri solo per necessità, ma per il desiderio di condivisione delle esperienze di vita;

Riusciremo ad essere persone più mature che imparano dagli insegnamenti ricevuti;

Si potrà sviluppa una maggiore sincerità nei rapporti: l'accettazione di Sé non ha bisogno di maschere quando è sorretta da una visione positiva: Promuoviamo la nostra unicità grazie allo sviluppo di abilità e interessi.

Un sano egoismo influisce sull'autostima perché, dedicandoci maggiormente a noi stessi, aumentiamo la fiducia in noi stessi e ci allontaniamo dal bisogno continuo del consenso altrui, così come dai perenni tentativi di ottenere la benevolenza degli altri.

Cosa si deve fare in pratica per accrescere l'autostima con un pizzico di sano egoismo?

Dobbiamo imparare a dire no alle continue richieste che ci vengono fatte, perché ci sottraggono tempo ed energie con l'unico risultato di provare una profonda insoddisfazione, poiché non saremo riusciti a fare quello che volevamo;

È importante vivere nel momento presente; se si pensa continuamente al passato o al futuro, si finisce con l'ignorare il "qui e ora", rimuginando eventi e i crogiolandosi nei rimpianti. Ciò che è stato non lo possiamo cambiare, ma abbiamo il dovere e il potere di agire sul presente, che è l'unico tempo che conta;

Il primo nostro dovere deve essere sempre nei confronti di noi stessi;

Una maggiore consapevolezza ci permette di prendere decisioni più sensate senza seguire troppo il volere altrui.

Lavorare su questi punti non solo permette di aumentare l'autostima, ma ci fa raggiungere anche quel senso di felicità a cui tutti aneliamo, che si traduce nello stare bene con noi stessi, sempre e ovunque.

Conclusioni

Siamo giunti alla fine di questo viaggio in cui ho cercato di presentare una guida completa all'autostima.

L'autostima, come abbiamo visto, non è una dotazione per diritto di nascita, l'autostima si acquisisce, cresce e muta in base alle diverse esperienze di vita che facciamo.

La famiglia, l'ambiente, e le persone che frequentiamo possono contribuire in maniera positiva o negativa alla determinazione dell'autostima, ma il fatto che ritengo di maggiore importanza è che se la nostra autostima viene coltivata dentro di noi, se abbiamo un'immagine forte ed equilibrata del nostro Sé, nessuna valutazione ci potrà scalfire, perché abbiamo acquisito una consapevolezza di noi stessi e della vita.

Non è mai facile chiudere un discorso, ma ci tengo a ringraziare tutti coloro che hanno letto il mio lavoro di ricerca e spero che potranno ricavarne beneficio e una maggiore serenità interiore. Ti invito a lasciarmi una riflessione sul percorso intrapreso durante la lettura di queste pagine. Ti auguro un buon viaggio alla ricerca di tutti i tesori nascosti dentro te stesso, affinché tu possa ritrovare fiducia, benessere e felicità!